Reineke Fuchs

Reineke Fuchs

Mit Stahlstichen nach Zeichnungen von Wilhelm Kaulbach
und Versen von Inge Rosemann

Bibliografische Information der Deutschen Nationalbibliothek:
Die Deutsche Nationalbibliothek verzeichnet diese Publikation
in der Deutschen Nationalbibliografie; detaillierte bibliografische Daten sind im Internet über www.dnb.de abrufbar.

Impressum

4., überarbeitete Aufl. 2020
Texte: © 2020 Inge Rosemann
Umschlaggestaltung und Satz: Claudia Thorn, DokuSearch Thorn & Baumbach
Herstellung und Verlag: Books on Demand GmbH, Norderstedt
ISBN 978-3-8370-9366-7

CANIDAE

Vulpes vulpes

Unter den in unserem Vaterlande wildlebenden Säugethieren steht der Fuchs (Canis vulpes) unzweifelhaft obenan. Kaum ein einziges anderes Mitglied dieser Klasse genießt einen so hohen Ruhm und erfreut sich einer so großen Bekanntschaft wie Freund Reineke, das Sinnbild der List, Verschlagenheit, Tücke, Frevelhaftigkeit und, wie ich sagen möchte, gemeinen Ritterlichkeit. Ihn rühmt das Sprichwort, ihn preist die Sage, ihn verherrlicht das Gedicht; ihn hielt einer unserer größten Meister für würdig, seinen Gesang ihm zu widmen. Es ist gar nicht anders möglich: der Gegenstand einer so allgemeinen Theilnahme muß ein ausgezeichnetes Geschöpf sein. Und das ist denn auch unser Schlaukopf und Strauchdieb in jeder Hinsicht. Wir müssen ihm seiner geistigen wie leiblichen Eigenschaften wegen unsere Achtung zollen, ihn gewissermaßen liebgewinnen. Gleichwohl erfreut sich Reineke keineswegs unserer Freundschaft. Trotz aller Anerkennung, welche seine Fähigkeiten uns einflößen, wird er von uns verfolgt und befehdet, wo sich nur immer Gelegenheit dazu bietet.

Der Fuchs ist ein vollendetes Thier in seiner Art. „Zierlicher, als seine Verwandten in Tracht und Haltung", sagt Tschudi, „feiner, vorsichtiger, berechnender, biegsamer, von großem Gedächtnis und Ortssinn, erfinderisch, geduldig, entschlossen, gleich gewandt im Springen, Schleichen, Kriechen und Schwimmen, scheint er alle Erfordernisse des vollendeten Strauchdiebes in sich zu vereinigen und macht, wenn man seinen geistreichen Humor hinzunimmt, den angenehmen Eindruck eines abgerundeten Virtuosen in seiner Art." Reineke ist unbedingt der allervollendetsten Spitzbuben einer. Mit seinen leiblichen Begabungen stehen seine geistigen Fähigkeiten nicht bloß im Einklange, sondern helfen ihm gewissermaßen über manche Mängel seiner leiblichen Ausrüstung, im Vergleiche zu anderen, besser begabten Raubthieren hinweg. Reineke versteht sein Handwerk zu treiben und läßt sich kaum von einem zweiten Geschöpfe übertreffen. Ihm scheint nichts unerreichbar, seiner List und Tücke kein Wild zu schnell oder zu stark, seiner Behendigkeit nichts zu rasch und zu gewandt zu sein. Gefahr würdigt er vollkommen, aber fürchtet sie nicht; denn für ihn sind alle Netze, Fallen, Schlingen und Jagdwaffen eigentlich kaum da; für ihn findet sich aus jeder Verlegenheit noch ein Ausweg.

Reineke lebt, hundertfach durch Wort und Bild gezeichnet, in Jedermanns Anschauung und ist wohl bekannt. Demungeachtet verdient er den weniger mit der Natur Vertrauten besonders vorgestellt zu werden. Seine Länge beträgt bis 1,3 Meter, wovon freilich 40 Centim. auf den Schwanz kommen, die Höhe am Widerrist dagegen nur 35, höchstens 38 Centim., das Gewicht sieben bis zehn Kilogramm. Der Kopf ist breit, die Stirn platt, die Schnauze, welche sich plötzlich verschmälert, lang und dünn. Die Seher stehen schief und die Lauscher, welche am Grunde sich verbreitern und nach oben zuspitzen, aufrecht. Der Leib erscheint seines ziemlich dichten Haarkleides wegen dick, ist in Wahrheit aber ungemein schlank, jedoch äußerst kräftig und der umfassendsten Bewegung fähig. Die Läufe sind dünn und kurz, die Standarte oder Lunte aber ist lang und buschig, der Balg sehr reichlich, dicht, weich, und hinsichtlich seiner Färbung ein wirklich vollendeter zu nennen. Reineke sammt seiner ganzen edlen Sippschaft trägt ein Kleid, welches seinem Räuberthume in der allervortrefflichsten Weise entspricht. Die Färbung, ein fahles, grauliches Roth, welches sich der Bodenfärbung förmlich anschmiegt, paßt ebenso zum Laubwalde wie zum Nadelholzbestande, er sei hoch oder niedrig, oder ist für die Heide wie für das Feld und für das Stein- und Felsengeklüfte gleich geeignet.

Seine Wohnplätze werden immer mit äußerster Vorsicht gewählt. Es sind tiefe, gewöhnlich verzweigte Höhlen im Geklüft, zwischen Wurzeln und anderen günstigen Stellen, welche am Ende in einen geräumigen Kessel münden. Wenn es nur irgend angeht, gräbt er sich diese Baue nicht selbst, sondern bezieht alte, verlassene Dachsbaue oder theilt sie mit Grimbart.

Außer dem Menschen hat der Fuchs immer noch eine Anzahl von Feinden. Nicht allein der Wolf fängt und verspeist ihn –

Der Fuchs
Alfred Edmund Brehm, Brehms Tierleben

Reineke Fuchs

Zu Pfingsten im sonnigen, wonnigen Mai,
als die Vögel im Felde sangen,
da kamen zum Hofe von König Leu
demütig die Tiere gegangen.

Sie kamen mit Federn, im Pelz und im Fell,
auf Krallen, Pfoten und Hufen:
Es hatte der König mit strengem Appell
zum Hoftag sie alle berufen.

Nur einer von ihnen, wer kannte ihn nicht?
Obwohl den Ruf er vernommen,
hatte doch trotzig der Bösewicht
sich wieder geweigert, zu kommen!

Er ist der Meister des frommen Betrugs,
wohl weiß er mit Worten zu fangen –
Sein Name lautet: **Reineke Fuchs**,
vor welchem die Lebenden bangen.

Nur Grimbart, den Dachs und verständigen Mann,
pflegte er freilich zu schonen,
wusste er doch, dass der Neffe ihm dann
würde mit Diensten es lohnen.

Und also hoben die Tiere nun an,
über den Räuber zu klagen
und alles, was er ihnen hatte getan,
getreulich dem Herrscher zu sagen.

Als erster meldete Isegrim sich
- stets wurde der Wolf so gerufen –
und sprach von Beschwerden so bitterlich,
die Reinekes Taten ihm schufen:

Hatte er doch einen scharfen Strahl
von seinem Harne gesprühet
auf Isegrims Kinder, denen zur Qual
bis heut sind die Äuglein verbrühet -

Und als da waren mit Absicht genau
die Winselnden giftig geblendet,
fand sogar Isegrims edele Frau
mit Worten sich höhnisch geschändet!

Als Nächster redete Wackerlos
auf französisch! – Dem herzigen Hündchen
blickten zum Himmel die Augen ganz groß
und zuckte zitternd das Mündchen:

„Ein Würstchen fand ich und hatt es beleckt
ein wenig – doch fett und vorzüglich
hielt ich es hinter der Hecke versteckt
und sparte den Bissen noch klüglich.

Reineke aber, der heimlich dort schlich,
hatte still unterdessen
mit wässrigem Maule vollständig
die ganze Wurst aufgefressen!"

Die Tränen rannen jetzt jämmerlich
dem Wackerlos über die Wangen,
als Hinze, der Kater, meldete sich:
„Ach, schweigt doch! – Zwei Jahr sind vergangen,

seitdem ich damals zur Mitternacht
betrat die Mühle so leise,
zog mit den Krallen das Würstchen sacht
und reichte Euchs höflich zur Speise!"

Um sich dem Könige kundzutun,
ein Häschen am Boden umfasste
mit flehendem Aufblick und bittend nun
des Schweifes sich sträubende Quaste.

Da sprach der Panther[1]: „Ihr sehet gekniet
Lampe, den furchtsamen Hasen,
der vor den geringsten Gefahren gleich flieht
und zupft nur die Hälmchen vom Rasen.

Jüngst wollte Reineke angeblich
ihn lehren, das Credo zu singen,
auf dass Herr Lampe dann könnte sich
als ein Kaplan verdingen.

Wie sie nun saßen mit frommem Gesang
und in Andacht versunkener Seele,
plötzlich der Fuchs dem Sänger sprang
an die schutzlos gebotene Kehle!

Wäre ich nicht des Weges da
zufällig spazieren gekommen,
hätte doch dieser Meister beinah
dem Schüler das Leben genommen!

Hat nicht der König freies Geleit
und Frieden verkündet für jeden?“
Der Wolf versetzte: „Wer wäre gefeit
vor Reinekes schmeichelnden Reden?

Verführt er nicht alle? – Ach, wäre er tot!“,
rief er mit versagender Stimme,
als Reinekes Neffe, der Dachs, entbot
Entgegnung mit heftigem Grimme,

---

1 Eigentlich müsste es „Biber" heißen: Panther ist verlesen aus dem Namen
des Bibers „Pancer". – Reinaert 126. Reineke Fuchs, (Reynke de Vos von 1498),
Reclam, Universal-Bibliothek Nr. 8768, S. 247.

erhob sich und drohte: „Wohl ist bekannt,
Ihr wollt Eure Schande nur rächen!
Aber da wüsste ich allerhand,
der Klage zu widersprechen:

Wäre mein Oheim nur selber hier,
er nennte Euch wahrlich die Taten,
mit welchen doch vormals, Herr Isegrim, I h r
habt ihn schmählich verraten!

Im Winter ginget Ihr friedlich zu zweit
im Walde, um Beute zu jagen
und begegnetet dort zu gelegener Zeit
eines Fuhrmanns beladenem Wagen

mit Fischen! – Gleich machtet Ihr einen Plan,
dass Reineke schlau auf dem Wege
zur Täuschung als Euer treuer Kumpan
wie tot vor die Räder sich lege.

Der Fuhrmann packte und schleuderte roh
den Reglosen über den Rücken –
er war gewiss seines Fundes schon froh,
der als Kragen sollte ihn schmücken,

als mit hurtiger Pfote Reineke warf
die Fische zum Wolf auf die Erde,
auf dass eine Mahlzeit nach vollem Bedarf
heimlich serviert ihnen werde!

Er sprang vom Wagen – da ging es ihm schlimm,
denn ach! – Wie geschwind unterdessen
hattet doch Ihr schon, Herr Isegrim,
sämtliche Fische gefressen!

Dem Betrogenen, welcher den Streich gewagt,
habt Ihr mit fettigen Pfoten
nur noch zwei Gräten halbabgenagt
verächtlich als Rest angeboten!

Höret nun weiter! - Reineke ging
einst mit dem Wolf, ob zum Schmause
etwas sich fände. – Und siehe, es hing
ein Schwein frisch geschlachtet im Hause!

Beherzt der Oheim durchs Fenster kroch
und warf die dampfende Beute
zum Wolf hinab – das bemerkte jedoch
ein Wachhund. – Die heulende Meute

der sämtlichen Hunde stürmte herbei,
und knapp nur den Mäulern entweichend,
kam keuchend der Kühne gerade noch frei,
geduckt den Ausgang erreichend.

Und wie er nun nach bestandener Gefahr
erbat sich den Anteil vom Schweine –
oh Jammer! – Zum Bersten Herr Isegrim war
gemästet, er fraß es alleine,

und nach seiner wölfischen Art von Humor
ward spaßig der Helfer empfangen:
Hohnlachend warf er das Krummholz ihm vor,
an welchem das Schweinchen gehangen!

Wollt Ihr es hören, vernehmet nun auch,
warum gestemmt überm Leibe
Reineke machte oft gründlich Gebrauch
von Isegrims willigem Weibe:

Denn als sie vorm Fuchs beim höfischen Tanz
befangen die Augen einst senkte,
fühlte er wohl, dass sie gerne ihm ganz
ihre Gunst noch inniger schenkte -

Und richtig! – Sobald der Gemahl war verreist,
ist solches auch pünktlich geschehen –
Was ist schon dabei? – So geht es doch meist –
und wird auch in Zukunft so gehen!"

Wiegenden Hauptes wunderten sich
wie mit erstaunter Gebärde
die Edelen alle, und nachdenklich
blickten sie schweigend zur Erde.

Grimbart fuhr fort: „Ich verstehe auch nicht,
dass Lampe will sich beschweren:
Pflegte er doch im Unterricht
stets Quinte und Quart zu verkehren!

Wohl zupfte mein Oheim ein wenig ihn
an seinen schläfrigen Ohren –
damit er besser mit Disziplin
beachte die Folge der Horen!

Denn zeigt sich discipulus störrisch und stumm,
dass der Meister muss ihn belehren
und zauset ihn etwas – ich frage: Warum
soll man der Ermunterung wehren?

Und weshalb heult der erbärmliche Hund?
Wackerlos sollte sich schämen
und schweigen, anstatt mit dem Diebe im Bund
gestohlenes Gut anzunehmen!

Doch seit in Gnaden, Herr König, Ihr
habt allen nun Frieden geboten,
wandelt mein Oheim nur noch mit Brevier
zwischen gefalteten Pfoten

mager und fastend im härenen Kleid
und singt in vollständiger Länge,
während er sich als Klausner kasteit,
die schwierigsten Kirchengesänge!

Sein prächtiges Schloss Malepartus im Wald
verließ er! – Entkräftet am Leibe
baute er büßend zum Aufenthalt
eine Hütte fern seinem Weibe."

Wie staunend noch all die versammelten Herrn
solch neue Kunde vernahmen,
mit Wehegeschrei schon vernehmlich von fern
zum König gezogen kamen

Hahn Henning mit Kreyant und Kantart – wie auch
fünf seiner Kinder da gingen,
als Verwandte den Leichnam nach Sitte und Brauch
verhüllten Hauptes zu bringen.

Denn eine Bahre senkten sie dort –
wen hatten sie so wohl getragen?
Eine Henne war es. – Mit zitterndem Wort
begann Herr Henning zu klagen:

„Wie konnten wir immer, von Hunden bewacht
und mit schützenden Mauern umgeben,
im Klosteramtshofe bei Tag und bei Nacht
in Sicherheit sorgenfrei leben!

Wilhelm Kaulbach gez.   Adrian Schleich gest.

Doch eines Tages, als Reineke strich
scharfäugig still um die Mauern
und näher mit schnüffelnder Schnauze schlich,
um uns im Hof zu belauern,

da tobten die Hunde! – Der Räuber entwich
und kehrte zurück als ein Pater –
gesenkten Hauptes und scheinheilig
in einer Kutte – so trat er

nun vor uns und sprach, weil durch Königsbescheid
Frieden im Land solle walten,
wolle auch er nun für alle Zeit
gehorsam der Jagd sich enthalten

und reichte den Brief. – In Gebeten gebeugt
begann er zu psalmodieren,
doch wie er heimlich zur Seite äugt,
sieht er uns alle spazieren

zum Hofe hinaus mit freudigem Dank,
die Mauern befreit zu verlassen –
da wie ein Blitz der Heuchler sprang
vor, mit der Pfote zu fassen

die Pforte geschwinde! – Gleich schloss er sie fest,
sodass wir, ins Freie gegangen,
plötzlich mit flatternder Angst und Protest
in Freiheit waren gefangen!

Mit einem Satz den herrlichsten Hahn
riss meuchelmordend er nieder
und schlug ihm beim Sturz seinen schneidenden Zahn
durchs sträubend gespreizte Gefieder!

Und schützte uns dann auch mit wildem Gebell
die Meute der schnobernden Hunde,
der Lüsterne kam doch leise und schnell
wann er wollte, zu jeglicher Stunde.

Von zwanzig Kindern raubte er mir
fünfzehn! – Als Letzte von allen
ist Kratzfuß, die Henne – Ihr sehet sie hier –
ihm tot aus den Krallen gefallen!"

Der Hahn verstummte. – Die Tiere entsetzt
erhoben sprachlos die Pfoten –
Wehe! – Wie fürchterlich Reineken jetzt
des Königs Brauen da drohten!

„Herr Grimbart", rief er, „da sehet Ihr nun
des Klausners heilige Taten!
Betet für dieses würdige Huhn –
wir aber wollen beraten

mit den weisesten Männern im ganzen Land,
wie wir uns des Frevlers erwehren!"
- Und so geschah es. - Man hatte ernannt
zum Boten den redlichen Bären,

welchem vom König in Audienz
dienstlich wurde befohlen,
er solle Reineke dringenstens
in seinem Auftrage holen.

Als Braun sich verneigte, der König mild sprach:
„Reiset nun unverzüglich!
Doch dass Euch treffe kein Ungemach,
hütet vorm Fuchse Euch klüglich!

Ihr wisst doch, wie Reineke schmeichelt und lügt
und erzählt die schönsten Geschichten,
mit welchen er leicht einen jeden betrügt – "
Braun sprach: „ M i c h wohl mitnichten!"

Wie wenig sollte der Brave sich doch
in Bälde der Reise erfreuen
und verschwiegen im Innern schmerzlicher noch
die stolzen Worte bereuen!

Zuvor jedoch der König befahl,
dass man Kratzfuß in Ehren bestatte,
nachdem man die Mordtat aufs Grabdenkmal
in Marmor gemeißelt hatte.

Auf rüstigem Fuße wanderte Braun
dann fort, so schnell er nur konnte
auf einsamen Wegen, sehr sandig zu schaun.
Bald sah er am Horizonte

die hohe Burg, Malepartus genannt,
wo Reineke lebte in Freuden.
Die schönste war sie im ganzen Land,
mit den zierlichsten Nebengebäuden.

Und als der Bär nun vorm Tore stand,
durch Klopfen Einlass begehrend,
eisern er alles verschlossen fand,
ihm jeglichen Zutritt verwehrend.

Doch Reineke hatte ihn schon erblickt
und lag gespannt auf der Lauer:
Um zu hören, ob Braun ward alleine geschickt,
horchte er hinter der Mauer.

Braun rief: „Auf seines Königs Geheiß
möge sich Reineke stellen
der Untersuchung zum vollen Beweis
des Mordes in mehreren Fällen.

Und bliebe er fern – es bekäme ihm schlecht!
Er würde in Kürze gefangen
und ohne Prozess nach geltendem Recht
an den nächsten Galgen gehangen!"

Reineke dachte: „Wie wagt es der Bär,
von mir so verächtlich zu sprechen?
Na warte, ich werd mich beim Prahlhans nachher
für die Beleidigung rächen!",

und trat hervor und krümmte sich
und konnte sich gar nicht mehr bücken –
„Was habt Ihr?", fragte Braun mitleidig,
„Furchtbares Magendrücken!",

keuchte der Fuchs, „wie teuer sind jetzt
die Zeiten! – Wie soll man sich nähren?
Seh ich mich doch in die Lage versetzt,
zu tafeln mit Honig und Beeren!"

Da staunte der Bote: „Höre ich recht?
Erwähntet Ihr Honig soeben?"
„Nun ja, nur leider bekommt er mir schlecht
und bleibt an den Pfoten kleben!"

„Der Honig – ?“, rief Braun, „das schadet doch nicht!
Das würde mich doch nicht stören!
Ach! – Honig! – Das ist ja mein Leibgericht!
Ich kanns auf der Stelle Euch schwören!“

Reineke lachte: „Ich glaub Euch aufs Wort!
Doch seid Ihr nicht müd von der Reise?“
Der Bär aber drängte: „Gevatter, sofort
führt mich zu der köstlichen Speise!“

„Ja, wollt Ihr denn wirklich noch heute so spät
zu Rüsteviels Hof mich begleiten?
Ich sprach gerade mein Abendgebet –“
Der Bär bat: „Gehn wir beizeiten!“

„Verzeiht, Herr Braun, ich las in Klausur
die Vesper und möcht sie beenden – “
„Ach“, rief der Bär, „wie könnt Ihr denn nur
die Zeit jetzt damit verschwenden!

Herr Reineke, bitte! – Lasst mich das Gold
des herrlichen Honigs bald sehen!“
Da seufzte der Fuchs: „Wenn Ihr unbedingt wollt –
von mir aus können wir gehen.

Doch wartet bitte – es fällt mir schwer,
so ungestüm auszuschreiten,
weil die Honigscheiben nach dem Verzehr
mir noch inwendig Übel bereiten –“

und bat, wie sie gingen nun einträchtig,
zum Dank ihn zu unterstützen
und am Hofe loyal und freundschaftlich
vor Verleumdung zu schützen.

„Erlaubt mit", versicherte Braun sogleich,
„dass ich die Vernehmung begleite
mit günstigem Zeugnis, das einflussreich –"
– Doch Reineke schaute zur Seite –

und als sein Blick wie erwartet sodann
auf Rüsteviels Hofplatz entdeckte,
dass noch ein Keil vom Zimmermann
im gespaltenen Eichenstamm steckte,

flüsterte er: „Hier findet Ihr wohl
einen Schatz in hölzerner Hülle!
Der Baum liegt bequem – von innen halb hohl,
quillt Honig in himmlischer Fülle!"

Ach wehe! – Da lief nun das arglose Tier,
um den Kopf und die vorderen Klauen
gebückt zu schieben mit heftigster Gier
in die Spalte, den Honig zu schauen,

und wie es so schnüffelte, schnalzte und schnob
und suchte, wo es ihn fände,
Reineke leise mit aller Kraft schob
aus dem Holz die Keile behände –

dass plötzlich der Ärmste war festgeklemmt,
oh! - wie so schrecklich das schmerzte!
Und als er gegen den Stamm gestemmt
laut brüllte, Reineke scherzte:

„Klebt Ihr am Honig? – Ich warnte Euch noch –
Wolltet Ihr eben nicht schwören,
das schadete nicht – und lasst mich jetzt doch
solch ein Gezeter hören?"

Rüsteviel aber inzwischen im Haus
vernahm das Keuchen und Schnaufen
und kam geschwind aus der Tür hinaus
auf den Hofplatz mit Schrecken gelaufen:

„Ein Bär!", rief er, „ein riesiger Bär!
Kommt mir zur Hilfe, Ihr Leute!
Er sitzt in der Falle vielzentnerschwer
gefangen als lebende Beute!"

Da kamen sie alle staunend gerannt
- sie saßen im Wirtshaus beim Zechen -
erblickten den Bär und nahmen zur Hand,
was sie fanden zum Spießen und Stechen.

Der Pater mit Küster und Köchin kam,
– sie hieß Frau Jutte – und alle
hielten in Händen, was jeder sich nahm,
zu fangen der Bär in der Falle.

Als Braun bemerkte, dass sie alsbald
wollten ihn schlagen und hauen,
riss er verzweifelt mit aller Gewalt
aus der Klemme den Kopf und die Klauen

und hatte die Krallen äußerst brutal,
die Haut vom Gesicht mit den Ohren
samt Büscheln von Fell unter beißender Qual
und Strömen von Blut verloren.

Jetzt nahten ihm eilend mit Wut und Geschrei
die Frauen mit Ludolf und Lorden,
auch Schloppe, Gerold und Kückelrei,
den Taumelnden ganz zu ermorden –

Und fragt Ihr, wer Kückelreis Vater wohl sei:
Der Sander, der stolze Geselle,
der Mäher, betrat er nicht – tanderadei –
einst Willigetrudes Schwelle?

Nun wohl, sie schlugen mit grausamem Schlag,
Brauns Fell war vom Blut schon gerötet –
und hätten ihn beinah am selbigen Tag
mit ihren Hieben getötet,

doch er erhob sich und fuhr mit Gebrumm
und qualvollem Schmerz in den Pfoten
unter die Weiber – da fielen sie um
in einen Fluss, wo sie drohten

alsbald zu ertrinken, denn er war tief
- Frau Jutte schwamm da vor allen -
der Pater aber erschrak und rief:
„Jetzt sind sie ins Wasser gefallen!

Lauft schnell und helft! – Ich sehe sie hier!
Zum Lohne will ich Euch geben
viel Ablass und Gnade und zwei Tonnen Bier,
wenn Ihr ihnen rettet das Leben!"

Und als nun eilte die ganze Schar,
sie rasch aus den Fluten zu ziehen,
entkam der Bär unter Lebensgefahr
und konnte stöhnend entfliehen.

Ins Wasser sprang er und wollte nicht mehr
länger am Leben bleiben,
verzweifelt und ohne Hoffnung ließ er
den Körper ohnmächtig treiben –

Da riefen die Bauern: „Der Bär nimmt Reißaus –
statt dass er wäre gestorben,
liefen die Frauen gleich aus dem Haus,
und haben den Fang uns verdorben!"

Braun trieb dahin – doch von Wellen bespült,
an Haupt und Gliedern zerschunden,
wurden im Wasser milde gekühlt
die blutig brennenden Wunden.

- Reineke aber war nach dem Verrat
zufrieden vom Hofe gegangen
und hatte sogleich höchst delikat
und lecker ein Hähnchen gefangen,

lief durstig zum Fluss und freute sich sehr,
dass Braun wär zu Tode gekommen –
trank Wasser am Ufer – doch da sah er,
wie der Bär kam lebendig geschwommen

und staunte im Stillen und ärgerte sich,
weil er nicht wurde gefangen,
obwohl er hatte schon handgreiflich
mit dem Fell in der Falle gehangen!

Heuchlerisch rief er: „Wo ließet Ihr nur,
Gevatter, die Klauen und Ohren?
Und wer hat Euch diese scharfe Tonsur
auf Eurem Haupte geschoren?"

Doch Braun erwiderte ihm kein Wort –
gelähmt von Schmerzen und Schande
tauchte er tiefer und trieb weiter fort,
bis der Fluss ihn schwemmte zum Strande

des flachen Ufers zu guter Letzt
- da konnte vor Schmerz er nicht stehen –
doch sprach zu sich: „Ich muss aber jetzt
zum König versuchen zu gehen",

erhob sich jammernd mit vielem Beschwer
und hinkte beidseits auf der Tatze!
- Nach vier langen Tagen trat dann der Bär
vor den König. - Der sah gleich die Glatze,

die Streiche und Striemen, blutig im Fell,
und rief: „Wer hat Euch geschändet?
Herr Braun, mein lieber und guter Gesell !"
„Ihr hattet zum Fuchs mich gesendet",

ächzte der Bär, „doch vorsätzlich
lockte durch Schmeicheleien
er mich in die Falle, aus welcher ich mich
nur gewaltsam konnte befreien!"

Oh! - Wie die Edlen zornig und grimm
im Kreise die Pfoten da rangen!
Der König rief: „Reineke, fürchterlich schlimm
hast du an Braun dich vergangen!

Ich trage hinfort nicht länger mein Schwert,
bis wir gemeinsam rächen
den tapferen Freund, so schändlich enthert
durch dieses neue Verbrechen!"

Er konsultierte den höchsten Senat,
um gründlich den Fall zu studieren,
und rief – nach der Herren einhelligem Rat –
den Kater, zu delegieren

ihn mit der Botschaft zu Reineke stracks,
er möchte dem Urteil sich stellen
wegen Verletzung der regia pax
in zahlreich erwiesenen Fällen!

Herr Hinz aber seufzte: „Wie soll ich allein
den gefährlichen Räuber Euch bringen?
Seht an, wie bin ich so mager und klein!"
Der König sprach: „E u c h wirds gelingen –

zwar seid Ihr nur klein, doch oh! - Ihr seid klug
und geschickter als manche der Weisen!"
Der Kater erwiderte: „Ohne Verzug,
mein König, werde ich reisen!

Und kann ich am Wege zur rechten Hand
ein günstiges Zeichen erspähen –
will ich mit Freuden von Euch gesandt
als Bote zu Reineke gehen!"

So ging der Kater. – Als er nun zog
dahin durch die sandige Weite,
siehe! – ein Martinsvogel da flog
und setzte sich links auf die Seite.

Dies Omen war böse. – Hinz fürchtete sich
nicht wenig vorm drohenden Zeichen,
um aber am Abend doch zuversichtlich
Malepartus heil zu erreichen.

Auf den Stufen vorm Schloss Herr Reineke saß
bequem in behaglicher Muße,
und wie er in einem Erbauungsbuch las,
sprach Hinze nach höflichem Gruße:

„Verzeiht! – Euer Gnaden sehen mich hier
im Auftrag als amtlicher Bote!
Ihr müsst noch heute zusammen mit mir
eilen auf schleunigster Pfote

sofort zum Verhör, denn Ihr werdet verklagt
von vielen Edlen und Frommen!
Zum zweiten Mal sei Euch angesagt,
freiwillig zum König zu kommen!"

„Ach, Hinz!", sprach der Fuchs, „ich gehe nicht gern
des Nachts durch die dunkelnde Heide!
In der Frühe beim steigenden Morgenstern
ist heller der Weg für uns beide.

Kürzlich kam Braun. – Mit ihm diesen Gang
- ich sage es offen und ehrlich –
auf mich zu nehmen, war ich zu bang –
Der Bär ist stark und gefährlich!

Doch glaubt mir, Hinze, mit Euch zum Geleit,
das möchte ich aufrichtig sagen,
fühle ich keine Bedenklichkeit,
den Weg durch die Wüste zu wagen

und könnte Euch heute zum Abendbrot
eine Schale mit Honig reichen –"
„Mit Honig – ?! – Selbst in der größten Not
aß ich niemals dergleichen!

Habt Ihr nicht besser in Eurem Haus
zur Stärkung nach dieser Reise
so eine fette, pfiffige Maus?
Das wäre willkommene Speise!"

„Was, Mäuse – ?", staunte Herr Reineke da,
„ich wüsste, wo welche pfeifen:
In der Scheune vom Nachbarn, dem Pfaffen, ganz nah!
Beliebt es Euch, zuzugreifen?"

„Vortrefflich !", rief Hinze, „an so einem Ort
speist es sich freilich am besten!
Lasst uns gleich gehen!" – „Von mir aus sofort
sollt Ihr mit Mäusen Euch mästen!",

lachte der Fuchs, der zum handlichen Fang
eines Hähnchens vorm Hühnerverschlage
hatte unter der Wand einen Gang
gegraben am gestrigen Tage –

Klein Martin aber, des Pfaffen Sohn,
knüpfte vors Loch eine Schlinge,
dass sie den nächtlichen Dieb da zum Lohn,
käm er wieder, würgte und finge.

Das hatte gesehen und wusste der Fuchs
und schwieg. – „Auf geschmeidigen Sohlen",
sprach er zum Kater, „könnt Ihr hier flugs
durch den Tunnel die Mäuse Euch holen!"

Und eilig duckte Hinze sich flach,
worauf die Öffnung passierend,
ihn fing dahinter am Ausgange – ach! –
der Strick, ihn scharf strangulierend.

Der Fuchs rief verwundert: „Was keucht Ihr denn so?
Singt Ihr aus begeisterter Kehle
nach Katerweise ein Tremolo?
Nun, Weidmannsheil, ich empfehle

mich Euer Gnaden!" – Zu Isegrims Frau
lief er, um sie zu bespringen,
jedoch ihre Kinder im wölfischen Bau
allein den Besucher empfingen.

Der Wolf war am Hofe – Der Fuchs nebenbei
wollte Frau Gieremund fragen,
ob er vielleicht und mit welcherlei
Gründen erhöbe dort Klagen

vorm hohen Gericht – doch wusste genau,
dass Isegrim sich nur beschwerte
aus bitterem Hass, weil er mit der Frau
des Wolfes heimlich verkehrte.

„Ade, Stiefkinder, grüßt die Mama!",
rief der Fuchs, der nicht länger verweilte
und in munteren Sprüngen nach diesem Eklat
leichtfüßig der Höhle enteilte.

– Als Gieremund nun nach Hause kam
und von ihren Kindern hörte,
wie Reineke diese hatte infam
zu nennen beliebt, empörte

sie sich nicht wenig über das Wort,
und um es dem Schalk zu zitieren,
lief sie zornig dahin und traf ihn auch dort,
wo er pflegte allein zu spazieren,

und wie die Kränkung sie mächtig verdross,
sodass sie ihn zauste am Barte,
nahe im Turme vom alten Schloss
er eine Öffnung gewahrte

und huschte hinein – doch da war es schmal,
dass er knapp durch die Spalte sich zwängte,
wonach ihm folgend mit einiger Qual
auch die Wölfin sich hinter ihn drängte

und steckte fest und konnte nicht mehr
sich vor- oder rückwärts bewegen!
Der Fuchs lief zurück – ihre Lage kam sehr
seinen Absichten passend entgegen,

und ohne Zögern besprang er sie
frohlockend und schamlos vom Rücken,
um heftig – ich sage nicht wo oder wie –
sie ohne Anstand zu drücken.

So hatte er sie nun doppelt entehrt,
als sie die Würde wollt wahren,
und abermals ihre Schande vermehrt,
dass er sein Weib mochte sparen.

– Indes in der Scheune, wo der Fuchs ihn betrog,
zerrte der Kater kläglich
am tückischen Strick, der nur fester sich zog
um seinen Hals unerträglich

und würgte die Kehle, dass Martin erwacht
vernahm sein schauriges Jammern
und weckte mit lautem Ruf in der Nacht
die Bewohner in ihren Kammern.

Mit einer Forke hoch in der Hand
kamen Mutter und Vater,
die Köchin in ihrem Nachtgewand
lief barfuß neben dem Pater

zur Scheune! – Kaum war der Besucher erblickt,
der in Ängsten gefesselt sich bäumte
und immer fester in Schnüre verstrickt
wild tobte, keiner da säumte,

das Kätzchen zu schlagen voller Gewalt,
und als ihm mit Knüppel in Händen
Martin in einem Hinterhalt
ausholend, um es zu blenden,

mit groben Hieben ein Auge ausriss,
nahte bewaffnet der Pater,
welchen scharf zwischen die Schenkel biss
der wütend verzweifelte Kater

und kratzte ihn auch grausam dabei
nach Kräften mit seinen Krallen,
sodass der Pater mit einem Schrei
war rückwärts in Ohnmacht gefallen.

Wilhelm Kaulbach pinx.   Adrian Schleich gest.

Die Köchin aber mit bebender Brust,
sie schluchzte vor allen und klagte,
wobei sie vor Jammer bei solchem Verlust
manch unschicklich Wort lauthals sagte –

Dann trugen sie trauernd den Pater zu Bett
und hatten längst währenddessen
den Kater – so übel zugerichtet –
in der einsamen Scheune vergessen,

der in Verzweiflung, blutig, halb blind,
an Leib und Gliedern zerschlagen,
begann mit den Zähnen dennoch geschwind
den Strick am Hals zu zernagen,

schlich aus der Scheune und weiter durchs Land,
bis er den Hof erreichte,
und als er endlich vorm König stand –
ach! - wie beschämte die Beichte

den Weisesten nun! – Einäugig war
der Bote wiedergekommen
und hatte verhöhnt und unheilbar
dauernden Schaden genommen!

Der König voll Zorn berief seinen Rat,
dass man bestimme die Schwere,
mit der diese neueste Freveltat
gesetzlich zu strafen wäre.

Der Dachs riet: „Man fordere vor dem Entscheid
ihn erst noch zum dritten Male!"
Der König fragte: „Wer wäre bereit,
dass er die Kosten bezahle

mit Leib oder Leben bei dieser Mission?
Wer wagt es noch, ihn zu holen?"
Grimbart erwiderte: „M e i n e Person
sei hiermit dem Herrscher empfohlen!"

Der König sandte den mutigen Mann,
der die Forderung überbringend,
nach der Begrüßung dem Oheim sodann
riet im Vertrauen jetzt dringend:

„Wie konntet Ihr immer mit kunstvollem Wort
Ehre und Unschuld beweisen!
Es wäre am besten, wir würden sofort
zusammen zum Königshof reisen!"

„Nun", sprach der Fuchs, „der König war
bisher mir stets günstig gesonnen –
hab ich durch Rat ihm doch unschätzbar
manch einen Vorteil gewonnen,

während die Herren am Hof in der Kunst
eines Ratgebers weniger tüchtig,
mich um des Königs Gnade und Gunst
beneiden höchst eifersüchtig!

Von meinem Weibe scheid ich nicht gern
und wandere fort durch die Wüste –
doch dass sie nicht etwa den Zorn dieser Herrn
mit den Kindern unschuldig büßte,

wohlan denn, Herr Neffe, so stelle ich mich! –
Ermelyne, was auch geschehe,
behütet die Kleinen fürsorglich,
bis ich Euch wiedersehe.

Wie doch schon Reinhart, dem Burschen, im Bart
stehen die Zähnchen so zierlich,
und Rössel patscht nach füchsischer Art
mit beiden Pfoten possierlich

nach Mäusen im Gras. – Nun werden sie bald
dem Vater vorzüglich gleichen.
Möge der höfische Aufenthalt
uns allen zum Vorteil gereichen!"

– So schieden sie denn, und Reineke ging
mit Grimbart gesprächig im Sande,
bis er gewaltig zu seufzen anfing
und fragte: „Seid Ihr imstande,

auf meine Bitte mir nachsichtig
Absolution zu gewähren?
Ihr glaubt nicht, wie sehr jetzt mit Reue mich
vergangene Sünden beschweren!"

„Seid unbesorgt!", Herr Grimbart sprach,
„m i r könnt Ihr alles erzählen!"
„Confiteor tibi - " der Dachs unterbrach:
„Sprecht deutsch vom Rauben und Stehlen!"

Und der Fuchs erzählte bereitwillig,
wie er oftmals hätte gelogen
und seine Opfer ausgiebig
zu ihrem Schaden betrogen:

„Vor allen aber Herrn Isegrim!
Einst wollte er leben als Pater.
Ich wohnte damals geläutert im
Kloster zu Elkmar, da bat er,

ich möchte ihm bei dem frommen Entschluss
hilfreichen Beistand gewähren.
Um gleich dem Novizen zum Angelus
das Läuten der Glocken zu lehren,

band ich ihm die vorderen Tatzen so
zusammen mit hanfenem Strange,
dass er gefesselt wie ein Jo - Jo
läutete hilflos so lange,

bis beim falschen Alarm von überall her
die Leute liefen zusammen
im Glauben, dass eilig zu löschen wär
ein Haus in lodernden Flammen —

doch fanden den Wolf beim kindischen Spiel
und schlugen ihn, wütend geworden,
dass er halbtot aus den Seilen fiel,
um ihn dann fast ganz zu ermorden!

— Als bald darauf er dann scheinheilig
wollte zum Mönch sich bekehren,
bat er mich wieder, ihm glatzköpfig
eine Tonsur zu scheren —

Wie hab ich dem Mönchlein mit glühendem Kamm
die Zotteln zwischen den Ohren
versengt und das struppige Fell recht stramm
bis auf den Schädel geschoren!

— Danach bin ich einst im Jülicher Land
mit ihm spazieren gegangen,
wo sich ein Speicher vom Pfaffen befand,
mit Würsten und Schinken behangen.

Dort also begann er, eifrig für sich
eine schmale Spalte zu kratzen
und schlüpfte hindurch, um unmäßig
zu füllen den Wanst bis zum Platzen

und konnte gerundet danach nicht mehr
durch die Öffnung ins Freie gelangen –
geschwollenen Leibes, zu satt und zu schwer,
blieb er im Speicher gefangen,

indes ich schlich zum Pfaffen ins Haus
- er speiste da just mit Behagen –
und griff mir von seinem Tafelschmaus
ein Huhn, es ins Freie zu tragen.

Da stürzte er beinah vom Stuhl und rief:
„Er hat mir den Braten gestohlen!",
und wollte, indem er durchs Zimmer lief,
versuchen, ihn wiederzuholen,

fiel aber übereifrig gleich hin
und riss den Tisch auf die Erde,
während ich ihm entkommen bin
mit schadenfroher Gebärde

auf flinkerem Fuß. – Das Huhn fiel dabei
mir allerdings aus den Pfoten –
denn es nahte Gesinde mit großem Geschrei,
und Flucht war dringend geboten,

sodass ich enteilte. – Jedoch man fand
den Wolf, der im Speicher laut heulte,
worauf man dem Gaste zornentbrannt
den Rücken mit Schlägen zerbeulte

Wilhelm Kaulbach dez.   Adrian Schleich gest.

und warf ihn – er hatte sich vollgemacht –
kopfüber in eine Grube.
Da wälzte sich kläglich die ganze Nacht
im Unrat der diebische Bube!

– Doch sind wir wieder nach einiger Zeit
zusammen zum Stehlen gegangen,
um auf Isegrims Wunsch in der Dunkelheit
im Stall ein paar Hühner zu fangen.

Ich führte ihn hin und zeigte, wo er
solle durchs Fenster steigen.
Er ging zuerst, ich hinterher.
Schaurig im nächtlichen Schweigen

schlug zwölfmal die Uhr, und still war die Nacht.
Als Isegrims Schatten sich duckte
und überm Balken schwankend er sacht
großäugig in Finsternis guckte -

erkannte er nichts. – Ich sagte: „Gradaus
müsst Ihr nur weitergehen,
gleich könnt Ihr die Hühnchen ganz nahe zum Schmaus
im Schlaf auf der Stange sehen –“

doch kehrte zurück auf demselben Weg
und zog vom Fenster die Latte,
die es von außen als Stütze schräg
offen gehalten hatte.

Das Fenster schlug zu, und furchtbar erschrak
der Wolf und plumpste vom Balken,
und wie er im Dunkeln am Boden lag,
schon kamen, das Fell ihm zu walken,

Wilhelm Kaulbach gez.   Adrian Schleich gest.

die Leute! – Sie alle hatten den Fall
des Wolfes im Schlafe vernommen
und waren sogleich in den Hühnerstall
mit Knüppeln gelaufen gekommen.

Als Isegrim endlich ihnen entkam,
konnte er kaum noch bewegen
die zitternden Glieder, verwundet und lahm
von ihren grimmigen Schlägen.

Mit Vergnügen hab ich zum Zeitvertreib
auch sein Weib ihm gehörig geschändet,
wenn es mir lüstern hatte den Leib
unzüchtig zugewendet!

So sind Euch meine Sünden geklagt –
sprecht, Neffe, was kostet die Buße?"
„Nehmet dies Reis und dreimal schlagt
Euren Rücken – im Sprung auf dem Fuße

seis dreimal gekreuzt und in Demut geküsst ",
– Reineke hüpfte behände –
„worauf Ihr nun anständig leben müsst:
Bedürftigen reicht eine Spende,

fastet und betet nach kirchlichem Brauch,
lasst es an Reue nicht fehlen!
Meidet Betrug, List, Morden und auch
Unzucht und Rauben und Stehlen!

Und tut Ihr so Eure Besserung kund,
weist Pilgern milde die Wege,
gebt ihnen fleißig Almosen und
Kranken Tröstung und Pflege,

Wilhelm Maulbach gez: Rudolf Rahn gest:

so sei Euch vergeben!" – Am Wegesrand,
von frommen Frauen geleitet,
der steinerne Bau eines Klosters stand.
Als von Grimbarts Predigt begleitet

die beiden Wanderer näherten sich
und der Fuchs im Freien erblickte
einen stattlichen Hahn, der ansehnlich
mit den Hennen Futterkorn pickte,

wie sprang begierig Herr Reineke da
und packte ihn gleich beim Gefieder!
Grimbart aber, als er das sah,
rief staunend: „Ihr sündigt schon wieder!"

„Verzeiht! – Es ist aus Vergesslichkeit,
ohne Absicht, nur aus Versehen
im Gedenken an längst schon vergangene Zeit
zum letzten Mal jetzt geschehen!"

Doch wendete er wie zu einem Magnet
den Kopf nach den Hühnern beständig –
Der Dachs frug: „ Was ist?" – „Ich sprach ein Gebet,
das Pater noster, auswendig

für die Seelen von Gänsen und Hühnern, die ich
- dem Himmel muß ich es klagen -
bei diesem Kloster so freventlich
einstmals pflegte zu jagen!"

Kaum aber hatte als Sensation
am Hof man die Kunde vernommen,
dass der Fuchs und der Dachs sich näherten schon
und würden tatsächlich gleich kommen,

als alle schnell liefen und wollten gern
mit eigenen Augen sehen,
was würde dem berüchtigten Herrn,
dem Fuchs, jetzt zur Strafe geschehen?

Ei siehe! – Da ging er so keck und so frei,
als wär er vom Hofstaat der Beste
und hätte auch öffentlich keinerlei
Fleck auf der schimmernden Weste

und stand vor dem König in dem Palast
inmitten der andern Vasallen –
wie aber war er so gründlich verhasst
den edelen Herren fast allen!

„Mein Herr und König!", sprach er gebeugt,
„heut sei Euch hiermit aufs Neue
unwandelbarer Gehorsam bezeugt,
aufrichtige Liebe und Treue!

Leider sind in dem Kreise hier
manche, die sich verschwören,
mich zu verleumden – doch werdet Ihr
auch m e i n e Verteidigung hören!"

„Schweigt!", schnaubte der König, „ erdrückend schwer
wiegt alles, was Ihr begangen,
und kämet Ihr jetzt nicht freiwillig hierher,
wir hätten Euch wahrlich gefangen

als Mörder und Dieb, der auch Hinz und den Bär
grausam verführte und quälte –"
„Wieso?", rief der Fuchs, „ich wüsste gern, wer
war es, der so was erzählte?

Wie warnte ich Hinze eindringlich noch,
in eine Falle zu schlüpfen,
um sich im Garn hinterm Scheunenwandloch
nicht jämmerlich aufzuknüpfen!

Durfte Herr Braun, der unmäßig frisst,
Rüsteviels Honig verzehren?
Und sollte er nicht, so stark wie er ist,
seiner Haut sich männlich erwehren?

Doch wenn Ihr mir keinen Glauben schenkt,
werde ich, ohne zu klagen,
alles, was Ihr über mich verhängt,
in Demut geduldig ertragen!"

Nun kamen die Zeugen und meldeten sich –
wer würde die Namen nicht kennen?
Um aber einige anlässlich
ihrer Vernehmung zu nennen:

Isegrim mit Familie kam,
Hinz, Henning und Gänschen Alheide,
Braun, noch so elend, hinkend und lahm,
Lütke, der Kranich und beide

die Ziege Metke, die Dogge Ryn –
es kamen gelaufen in Scharen
Bokert, der Biber, und Boldewyn,
der Esel, die ebenfalls waren

vom Räuber geschädigt, auch Wackerlos,
Hermen, der Bock, und sie alle –
wie wurde rings das Gedränge groß,
womit sie brachten zu Falle

die Reden des Fuchses, dass nimmermehr
er konnte zum Schluss noch bestehen –
bei so vielen Klagen, Not und Beschwer
mit Beweisen all seiner Vergehen!

Und siehe ! – Wie bald schon er einstimmig ward
im Rat für schuldig befunden,
nachdem man die vorderen Pfoten ihm hart
hatte mit Stricken gebunden.

Von allen, die schauten, freuten sich sehr,
die ihn als Schmeichler wohl kannten –
jedoch – oh wehe! – viel weniger
seine Freunde und nahen Verwandten –

Wie aber wurde der König da blass,
als sie geschlossen verließen
demonstrativ die Versammlung, auf dass
sie schweigend Vergeltung verhießen!

Man führte den Fuchs nun mit Leiter und Strang
hinaus, um sein Leben zu enden
für immer in Schande! – Dem Fuchs wurde bang –
gern wollt er das Urteil noch wenden –

während an seiner Seite zu dritt
wie im Triumphzug sich drängten
Hinz mit dem Bär und dem Wolfe, damit
sie ihn gemeinsam erhängten.

Der König erhob sich mit seinen Herrn,
auch die Königin mit ihren Frauen
und allem Volk – doch wahrlich nicht gern
wollt sie d i e s Ende jetzt schauen!

Sie kamen zum Baum, wo die Schlinge vom Strick
der Kater hoch auf dem Aste
legte dem Fuchs so stramm ums Genick,
dass sie ihm rundherum passte –

Der Gefesselte keuchte, die Stimme gepresst
und vor würgendem Kummer beklommen:
„Ach! – Warum habt Ihr so feindlich und fest
mich gleich gefangen genommen?

Isegrim hasst mich! – Statt in der Not
mir zu helfen – der Wolf seinem Weibe,
der schönen Gieremund, strengstens gebot,
dass sie zur Bewachung hier bleibe!

Gedächte sie doch vergangener Zeit,
als ich es niemals bereute,
wenn ich mich ihrer Bereitwilligkeit
immer von neuem erfreute!"

„Was ist es, was der Bube da spricht?",
dachte der Wolf und ergrimmte,
zweifelte aber im Stillen nicht,
dass es nur allzu sehr stimmte –

Wilhelm Kaulbach gez.   Adrian Schleich gest.

und mit seinem lange genährten Hass
forderte er als Rache
zur Strafe für die Beleidigung, dass
man kurzen Prozess mit ihm mache –

Reinecke aber voll Zuversicht
begann auf der Stelle zu sinnen,
ob er nicht doch noch dem Strafgericht
durch Klugheit könne entrinnen –

Auf der Leiter sprach er, das Haupt gesenkt:
„Hier stehe ich vor der Pforte
der Ewigkeit! – Aber Freunde, bedenkt
meine letzten warnenden Worte!

Dass später nicht dessen, was ich einst geraubt,
ein Schuldloser werde bezichtigt,
sei vor Euch allen, wenn Ihr erlaubt,
der Irrtum im Voraus berichtigt!

Ich will Euch beichten ehrlich zuletzt
alle meine Verbrechen!"
Da fragten sich viele: „Scheint er nicht jetzt
zu unseren Gunsten zu sprechen?

Lasst ihn uns hören!" – Der Herrscher sofort
gewährte gnädig die Bitte,
worauf der Fuchs ergriff das Wort
erneut in des Volkes Mitte:

„Habe ich nicht – aufrichtig – sagt! –
Ihr treuen und redlichen Tiere,
Euch immer wieder als Räuber gejagt
und verfolgt in Eurem Reviere?

„Ja!", riefen alle, „der Fuchs hat Recht!
Lasst ihn uns weiter vernehmen!"
Und er fuhr fort: „Ich handelte schlecht
und muss mich aufs bitterste schämen!

Doch lehrte man seit meiner Jugend mich nur
List und Betrug, um zu rauben,
da ward mir die Lüge zur wahren Natur,
und Freunde – werdet Ihrs glauben –

es ging dann immer weiter so fort
in der einmal gewohnten Weise:
Beschaffte ich mir nicht durch schändlichen Mord
die täglich benötigte Speise?

Ich lernte es bald, zu verbergen mich
im Feld hinterm flachesten Hügel,
wo ich mit lautloser Pfote beschlich
jedwedes Federgeflügel,

habe auch Ferkel, Zicklein und Schaf
an Fastentagen gefressen
und die Tiere der Weide, so schutzlos und brav,
zu stehlen mich töricht vermessen!

Doch hab ich nicht, Freunde, in eigener Person,
so wahr ich hier vor Euch stehe
und für meine Taten verdienten Lohn
drohend vor Augen sehe,

die Wahrheit gesprochen mit offenem Wort?"
„Gewiss!", riefen sie, „redet weiter!",
worauf der Büßer setzte nun fort
seine Beichte auf schwankender Leiter:

„Einst ging ich im Felde. – Der Wolf trat zu mir
und erklärte, wir wären Verwandte,
indem zum Beweis in öder Manier
er mir die Vorfahren nannte

und gründete darauf vertraulich den Plan:
Wir sollten gemeinsam jetzt jagen,
dass für jeden, wäre die Arbeit getan,
der Gewinn würd die Hälfte betragen.

So hatte der Wolf zwar scheinbar klug
mit mir zu teilen versprochen,
doch in der Folge häufig genug
sein Versprechen gründlich gebrochen!

Er fraß als Erster und pflegte beim Mahl
mich immer zur Seite zu drängen –
seine Kinder aber – sieben an Zahl –
und Gieremund fraßen in Mengen

von Bock oder Ziege ganz ohne Scham
das Fleisch der gemeinsamen Beute,
was ich mir wenig zu Herzen nahm,
weil ich mich reichlich erfreute

an einem geheimen und sicheren Platz
güldenen Reichtums in Haufen
und konnte vom unerschöpflichen Schatz
Speise in Fülle mir kaufen!“

Da wurde der König aufmerksam:
- Gold in gewaltigen Mengen - - ?
und begann mit Fragen, von wannen es kam,
sogleich den Fuchs zu bedrängen,

der stockend jetzt sprach: „Sofern sich Gott
mir Sünder wird gnädig erzeigen,
darf ich meine Kenntnis vom Staatskomplott
weiterhin nicht mehr verschweigen!

So sei Euch nunmehr mit offenem Wort,
mein König, nicht länger verhohlen:
Man plante damals – ach! – Euren Mord
mit Emmerichs Schatz, der gestohlen

brachte den Vater in große Not
- früh musste er deswegen scheiden –
doch ließ sich auf andere Weise der Tod
von Euch, Majestät, nicht vermeiden!“

Als die Königin hörte von dem Skandal,
sie vor Entsetzen erstarrte
und über den Mordplan an ihrem Gemahl
der Aufklärung flehentlich harrte:

„Reineke!“, rief sie, „von solcher Brisanz
und unerhört ist die Kunde,
dass ohne Scheu offenbart sie uns ganz
zur Rettung in letzter Sekunde!“,

worauf der König dem Fuchs befahl,
von der Leiter zu steigen,
um ihm die Verräter treu und loyal
rückhaltlos anzuzeigen.

Da löste man wieder Fessel und Strick,
und Reineke hoffte aufs Neue,
dass er noch im letzten Augenblick
entkäme durch füchsische Schläue

mit folgenden Worten: „Aufrichtig
will ich alles bekennen
und im Vertrauen auch namentlich
Verwandte und Freunde Euch nennen!"

Der König aber mit Strenge gebot,
dass er die Wahrheit bezeugte!
„Es ist das Vermächtnis vor meinem Tod!",
sprach der Fuchs, als er tief sich verbeugte.

Doch Reinekes Feinde fürchteten sehr,
dass er mit Arglist und Lügen
versuchen würde, je länger, je mehr
des Königs Ohr zu betrügen!

Und in der Tat! – Er schonte nicht
den Dachs und auch nicht den Vater
und spielte mit Armesündergesicht
demütig vor allen Theater.

„Mein Vater fand auf verborgener Spur
einst König Emmerichs Schätze",
sprach er, „wovon ich erst später erfuhr
durch Verrat sowie das Geschwätze

von Weibern! – Er aber fühlte sich reich,
sodass der Verblendete ohne
Bedenken – horribile dictu – sogleich
dem Bär bot die Königskrone!

Einstmals verlangten die Frösche im Chor
einen König – der Herr sandte ihnen
den Storch – weshalb in Freiheit zuvor
sie nun in Knechtschaft ihm dienen.

Ihr allein seid von edlem Geschlecht
und königlichem Geblüte,
und Ihr nur sorgt für alle gerecht
in Freigiebigkeit und Güte!

Dagegen Herr Braun – ich kenne den Bär,
den tolpatschig tumben Gesellen,
der brummend, als ob er gutmütig wär,
gefährlich sich pflegt zu verstellen!

So sendete also gleich über Land
mein armer, sorgloser Vater
mit heimlichem Auftrag als Informant
Hinze, den willigen Kater,

dass Braun, der nämlich zu dieser Zeit
sich aufhielt in den Ardennen,
ergriff nur zu gern die Gelegenheit,
baldigst sich König zu nennen!

Er wünschte es lange und reiste sofort
auf schnellstem Wege nach Flandern –
mein Vater erwartete ihn bereits dort
zur Besprechung mit noch drei andern:

Isegrim, Hinze und Grimbart auch
mit Braun und dem Vater im Bunde
zwischen Ifte und Gent, nach Verschwörerbrauch
zu düster nächtlicher Stunde,

da haben an diesem verlassenen Ort
die fünf Gesellen geschworen:
Wenn der König fiele durch plötzlichen Mord,
würde Braun zum Herrscher erkoren!

Und sollte ein königstreuer Mann
Bedenken dagegen tragen –
würde mein Vater mit Gold ihn sodann
bestechen – oder verjagen

mit List und Gewalt! – So war es gedacht,
bis Grimbart den Plan dann erzählte
voll Wein seinem Weib in traulicher Nacht
und Schweigen gebot! – Verhehlte

sie aber dies Stückchen dem lauschenden Ohr
von meinem Ehegemahle?
Gewiß nicht! – Schon hatte der trunkene Tor
verraten die finstere Kabale!

Mir sagt es mein Weib! – Ich jedoch war
verzweifelt und forschte voll Sorgen
– drohte doch meinem König Gefahr –
wo dieser Schatz lag verborgen.

Still folgt ich dem Vater und sah ihn im Wald
aus einem Erdloche schleichen
und vor dem kunstvoll getarnten Spalt
mit der Schwanzspitze sorgfältig streichen

Wilhelm Kaulbach gez.   Rudolf Rahn gest.

so eben und glatt den betretenen Sand,
dass vorm Eingang die Spur verschwände
und nicht durch Zufall dort ein Passant
etwas vergraben fände –

Dann blickte er ängstlich sich misstrauisch um,
ob irgendwo einer ihn sähe –
während ich selbst stand spähend und stumm
hinterm Baumstamm in seiner Nähe,

bis er enteilte. – Und gleich darauf
begann ich mich gleichfalls zu drängen
in diese Grube. – Da lagen zuhauf
Kleinodien köstlich in Mengen!

Mit Ermelyne hab ich sofort
den Reichtum aus dem Verstecke
getragen an einen anderen Ort,
damit ihn niemand entdecke.

Mein Vater warb Söldner und manchen Vasall,
welche vom Golde bestochen,
bereitwillig fanden sich fast überall!
Dem König die Treue gebrochen

hatte er unter Lebensgefahr
und aus Ehrgeiz höchst unbesonnen
eine zum Umsturz bereite Schar
zwar durch Verheißung gewonnen,

doch als er wieder nach Hause kam,
wollte er ungesäumt gehen,
um im Walde den Schatz, den er unwegsam
vergraben hatte, zu sehen –

Was aber fand er im Walde noch?
Leer war die sandige Stelle
und in dem ausgeplünderten Loch
verloren der Soldzahlung Quelle!

Mein Vater, welchen von Reue beschwert
nunmehr Verzweiflung bedrängte,
fühlte, dass er so bitter entehrt
am besten sich selber erhängte,

und damit verlor ich für Euch, Majestät,
den gütigen Vater für immer!
Doch wenn es um Frieden und Wohlfahrt geht,
wär Eure Ermordung nicht schlimmer?"

Als ein Schauer schweigender Billigung
bewegte die staunende Menge
und der Redner sah, wie die Kundgebung
rührselig bestens gelänge,

fuhr er salbungsvoll weiter zu klagen fort,
dass manchem die Tränen still rollten
und die Feinde durch sein erlogenes Wort
heillos zu Fall kommen sollten!

Das Herrscherpaar war nachdenklich
inzwischen ihm näher getreten
und hatte flüsternd, doch inständig
um nähere Auskunft gebeten,

ob er wohl nennen könne konkret
den Verbleib der entwendeten Beute?
Bescheiden sprach er: „Ach, Majestät,
mir feindliche Edelleute

besitzen Euer Vertrauen! – Die Herrn
möchten doch immer mir schaden!"
Die Königin bat: „Ich verwende mich gern
für Vergebung der Sünden in Gnaden!"

„Würde der König vergönnen mir,
Leben und Leib zu bewahren",
sprach Reineke, „gleich auf der Stelle hier
werdet Ihr alles erfahren!"

Der König aber traute noch nicht
dem Heuchler, dem scheinheilig frommen,
und fürchtete, dass er dem Strafgericht
listenreich wollte entkommen –

Doch die Königin meinte: „Würde er denn
nicht die eigene Familie verschonen
vor einer so schweren Beschuldigung, wenn
er könnte fremde Personen

belasten mit schändlichstem Staatsverrat?
Ich bitte, dem Fuchs zu verzeihen!"
Der König entgegnete: „In der Tat!
Man soll ihn von Fesseln befreien."

Reineke aber freute sich,
dass sie alles ihm glaubten,
und sprach: „Bedenkt, wie könnte ich
leichtfertig vor Euch behaupten,

was in wenigen Tagen schon
lässt sich als Lüge erweisen,
sobald man würde zwecks Akquisition
zum Versteck der Kleinode reisen?

Hört denn! – Im Osten von Flandern, wo
Einöde endlos sich breitet,
liegt ein Gehölz, heißt Hüsterloh,
und wenn Ihr rüstig dort schreitet –

doch dürft Ihr in diesem verfluchten Land
beileibe niemandem trauen –
zwei Birken, nahe dem Brunnen, genannt:
Krekelborn – werdet Ihr schauen,

und wenn Ihr zwischen den Wurzeln grabt,
König Emmerichs Krone,
Goldgeschmeide und Perlen habt
Ihr bald vor Augen, doch ohne

dass Euch dahin als Späher etwa
irgendein Bote begleite,
damit er nicht, sähe die Schätze er da,
einen Batzen sich legte beiseite!"

„Von Köln und Aachen, Paris sowie
Lübeck hörte ich häufig",
der König sprach, „von Krekelborn nie,
auch Hüsterloh ist nicht geläufig.

Habt Ihr die Namen recht sonderbar
vielleicht erfunden soeben?"
Der Fuchs rief Herrn Lampe, der ehrlich und wahr
dem König Bescheid sollte geben:

„Freilich sind mir die Orte bekannt,
wo ich mit flüchtender Pfote
mich in der größten Bedrängnis befand,
als Ryn, der Rasende, drohte,

70

mich nach der Hunde feindlichem Brauch
hetzend zu Tode zu jagen,
und Räuber Simonet hatte dort auch
bei Hüsterloh heimlich geschlagen

gefälschte Münzen frevelhaft
im Bunde mit seinen Gesellen!"
Reineke dankte für Zeugenschaft
und hieß den Hasen sich stellen

gehorsam wieder an seinen Platz.
Der König sprach nunmehr: „Ich bitte,
dass Ihr zu diesem herrlichen Schatz
lenkt baldigst nun unsere Schritte!

Und was ich sagte, vergesst und verzeiht!"
Doch worum der König gebeten,
lehnte der Fuchs ab mit Höflichkeit:
„Ich muss eine Reise antreten

ohne Aufschub zur ewigen Stadt:
Als der Wolf als Mönch einst verzehrte
Speise für sechs und doch mager und matt
übers Fasten sich bitter beschwerte,

half ich ihm aus Mitleid – wir sind verwandt –
aus den Mauern des Klosters zu fliehen,
doch wurde mir, alsbald vom Papste gebannt,
die Hilfe zur Flucht nicht verziehen!

Bedenkt doch, mein König, sähe mich dann,
wenn ich zum Schatz Euch begleite
als ein mit Bannfluch belegter Mann
jemand an Eurer Seite –

da würde die Wanderung sicher nicht
günstig für Euch sich erweisen!"
„Allerdings!", sprach der König, „Erfüllt Eure Pflicht!
Ich werde mit Lampe reisen."

Bedeutsam stellte er aufrecht sich hin
und blickte ernst in die Weite,
daneben der Fuchs und die Königin
standen erhöht ihm zur Seite.

Nach Stand und Stellung jegliches Tier
musste im Grase sich setzen
und durfte nicht mehr nach gewohnter Manier
mit seinem Nachbarn noch schwätzen.

Da horchten sie alle! – Der König sprach:
„Hört mich, Ihr treuen Genossen!
Statt ihn zu hängen, habe ich nach
Reinekes Rede beschlossen

und fordere strengstens, dass jeder sich
in Zukunft vorm Fuchs verbeuge
und dem Wahrer des Rechts stets aufrichtig
Respekt und Verehrung bezeuge!

Verderbliche Pläne kündete er
vom Verrat meiner höchsten Vasallen,
dass dankbar die Königin bat mich nachher,
ihm zu vergeben! – Euch allen

sage ich hiermit feierlich an:
Auch ich will ihn öffentlich ehren
und zur Belohnung dem Edelmann
Frieden und Freiheit gewähren.

Und dass nichts mehr in Erinnerung bleib
von den alten, bösen Gerüchten!
Trefft ihr die Kinder oder sein Weib,
begrüßt sie immer in Züchten!

Denn der Vater und Gatte begibt sich nun fort,
um auf Bußfahrt nach Rom zu gehen
und Vergebung der Sünden am heiligen Ort
unterm Segen vom Papst zu erflehen!"

Kaum aber hatte der Kater entsetzt
durch die Rede des Königs vernommen,
dass dieser Schelm war wiederum jetzt
am Hof zu Ehren gekommen,

er eiligst mit Braun und dem Wolf besprach
des Fuchses gefährliche Lügen.
Die beiden fragten beim König gleich nach,
doch statt sich der Weisung zu fügen –

gehorchten sie nicht und wurden verbannt
in des Kerkers finsterste Zellen –
hatte der Fuchs sie doch fälschlich benannt
als verschworene Staatsrebellen!

Reineke aber stand wieder in Gunst
und wusste ohne Bedenken
aufs Neue durch seine Redekunst
ihre Geschicke zu lenken

zu weiterem Schaden. – Jetzt wünschte er sich
für die Reise als Wandergeselle
ein Ränzlein vom Bären brüderlich
aus seinem haarigen Felle,

und als mans Braun aus dem Pelze schnitt,
wie musste der Ärmste sich quälen!
Dann wollte der Fuchs für den Fuß zum Schritt
noch zwei Paar Schuhe sich wählen:

Von Isegrim beide Pfoten vorn
wurden gleich blutig geschunden
bis auf die blanken, knöchernen Knorrn
und danach mit Leinen verbunden.

„Was?“, höhnte der Fuchs, „hat er ja doch
Frau Gieremund, welche ich grüße!
Meist sitzt sie zu Haus. – Was braucht sie da noch
ihre hinteren Füße?

Zöge man ihr das Fell da ab,
hätt ich vier Schuhe, die passen
mir an den Pfoten zierlich und knapp
und könnte mich sehen lassen.“

Man schälte die Wölfin – und überdies
musste mit schmerzlichsten Klagen
sie bei dem Gemahl und dem Bär im Verlies
noch den Spott des Fuchses ertragen!

Doch Reineke schmierte schon seine Schuh
und wollte nicht länger verweilen.
Der König fragte ihn freundlich: „Wozu
wollt Ihr so sehr Euch beeilen?“

Der Fuchs aber dachte: „Immerhin
muss ich vor Entdeckung jetzt bangen,
sodass ich besser vor dem Beginn
der Schatzsuche wäre gegangen –“

und bat: „Gebt Urlaub mir, Majestät!
Ich verlange nur noch hienieden
als wandernder Büßer und strenger Asket
nach Beistand zum Seelenfrieden.

Erbarme sich Euer treuer Bellyn,
auf dass mir kein Unheil begegne,
wenn ich vor Antritt der Reise ihn
bitte, dass er mich segne!“

Bellyn ward gerufen, und als er kam,
zeigte er sich bedenklich –
er hielt die Segnung für unwirksam
und rechtlich für äußerst verfänglich:

„Da wäre beim Bischof Ohnegrund
erst um Erlaubnis zu fragen,
bevor Rapiamus und Losefund,
der Dechant und der Probst, würden wagen,

die Benediktion trotz besiegeltem Bann
als himmlischen Schutz zu gewähren –“
„Was geht denn m i c h dieser Bischof an!
Wenn mein Diener sich möchte bekehren

auf gefahrvoller Reise als Pilger nach Rom –
wird man sich gefälligst bequemen,
auch ohne Erlaubnis des Bischofs vom Dom
die Segnung bald vorzunehmen?"

Der König war zornig. – Bellyn erschrak
und raufte sich stumm an den Haaren -
doch segnete noch am selbigen Tag
den Fuchs nach bewährtem Verfahren.

Danach zogen viele mit würdigem Schritt
hinaus an Reinekes Seite.
Der König wollte es so, damit
man den Pilger beim Aufbruch begleite.

Es nahte der Abschied. – Man trennte sich
winkend mit tränenden Mienen,
doch bat der Scheidende flehentlich
Lampe und Meister Bellynen,

statt dass sie nun ließen trauernd zurück
den reuig zur Buße Bereiten,
möchten sie ihn noch ein letztes Stück
zu seiner Heimstatt geleiten

und sprach mit Wehmut: „Wer lobte nicht
den Kaplan und Herrn Lampe, den Hasen,
wenn sie gebeugt mit stillem Verzicht
sparsam am Wegrande grasen,

wo sie wie ich als Klausner derzeit
mit trockenem Kraut sich bescheiden
und demütig in Ergebenheit
den Leib mit Fellen bekleiden!

Wie wandere ich jetzt mit Zuversicht gern
am Tag der Bekehrung grad heute
gestützt von zwei so hochwürdigen Herrn
vor den Augen der anderen Leute!"

Als mit Erstaunen Bellyn vernahm,
wie dem Sünder der Sinn schien gewendet,
glaubte er, dass es vom Segen kam,
den er huldvoll soeben gespendet.

So schritten sie denn mit Stab und Brevier,
wo Reineke pflegte zu hausen.
Dort sprach er zum Widder: „Ich rate Euch, hier
von den Kräutern kräftig zu schmausen,

die würzig und heilsam in freier Natur
dienen zur Stärkung des Leibes!
Bellyn! – Ach, meinerseits fürchte ich nur
die Vorwürfe meines Weibes

Frau Ermelyne! – Bekümmert sie sich,
weil ich sie als Pilger verlasse –
Herr Lampe, ich bitte, begleitet mich,
damit sie wieder sich fasse,

wenn Ihr sie tröstet und offen erklärt,
wie alles ist zugegangen,
sodass sie von anderen schonend erfährt,
wie ich schuldlos wurde gefangen!"

Der höfliche Hase gleich hilfsbereit
den Bitten des Fuchses willfahrte,
welcher, wie sie nun gingen zu zweit,
mit Dankesworten nicht sparte,

und als die Füchsin im Hause sah,
wie die Herrn Malepartus betraten –
wie freute Ermelyne sich da,
als sie zur Begrüßung sich nahten,

lag auf der Matte, wo sie zur Zeit
zwei Füchslein beidseitig säugte,
doch als Herr Lampe mit Artigkeit
sich vor der Hausfrau verbeugte,

plötzlich der Fuchs so bissig brutal
auf seinen Begleiter schaute,
dass es dem Hasen mit einem Mal
im Innersten vor ihm graute,

und als er knurrte: „Der König hat mir
den Verräter hier übergeben!",
erkannte sogleich das zitternde Tier
mit Entsetzen Gefahr für sein Leben

und wollte schnell in der höchsten Not
in Ängsten zum Ausgang noch rennen –
doch war es zu spät! – Bis zum bitteren Tod
lernte es Reineke kennen:

Zwar rief der Ärmste laut nach Bellyn,
als er sah, wie der Fuchs ihn bedrohte,
da aber hatte Reineke ihn
schon gepackt mit würgender Pfote

und wehe! - das zappelnde Häschen bös
vorn in die Kehle gebissen
und danach ihm grausig und skandalös
als Mörder den Kopf abgerissen!

Begierig die ganze Familie sofort
den Gast gemeinsam verzehrte,
wobei nicht ein einziger nach diesem Mord
sein Herz mit Reue beschwerte –

Frau Ermelyn fragte: „Wie kamt Ihr frei?"
Der Fuchs sprach: „Ich habe gelogen
und den König gehörig mit allerlei
Märchen vom Goldschatz betrogen!

Ich erzählte ihm, dass er am fernen Ort
unter Birken bei einer Quelle
vergraben liegt – aber gräbe er dort –
er fände an dieser Stelle

kein einziges Goldstück! – Aus Rache wird er
uns hier mit dem Heere bedrohen –
mir scheint es geraten, wir wären vorher
aus unserer Burg schon geflohen.

So lasst uns wandern ins Schwabenland!
In ländlich frommer Idylle
sind wir den Leuten nicht näher bekannt,
und Nahrung gibt es in Fülle.

Da lebt es sich gut. – Einst wohnte ich
als Klausner dort: Meine Speise
war lecker und fett – versorgte ich mich
doch reichlich nach Landesweise

mit Huhn und Gans, und immer ganz frisch
gab es Brot und süße Rosinen
mit Datteln und Feigen! – Täglich als Fisch
aß ich Pullus, Anas, Gallinen

und Gallus dazu! – Das Wasser ist klar,
und mild weht die Luft! - Dort begegnet
uns keine Verfolgung, und reichlich fürwahr
sind die Felder mit Früchten gesegnet.

Dem König versprach ich allerdings noch
auf Bußfahrt zum Papst zu gehen –"
Nach diesen Worten begann jedoch
die Füchsin ihn anzuflehen:

„Muss es denn wirklich unbedingt sein,
dass Ihr pilgert bis Rom in die Ferne?
Glaubt mir, ohne Euch schutzlos allein
bleib ich mit den Kleinen nicht gerne!

Wer könnte uns wohl aus unserm Revier,
so sicher befestigt, vertreiben?"
Der Fuchs erwiderte: „Gern will ich hier
im Schutze der Mauern bleiben

bei Euch und den Kindern! – Was kümmert mich noch
ein flüchtiges Versprechen,
das ich in Not gab, da dürfte ich doch
sogar einen Eid wieder brechen!"

– Bellyn stand draußen. – Er wunderte sich,
warum der Hase nicht käme
und wartete schnaubend und ärgerlich,
dass endlich man Abschied nähme –

bis Reineke kam nach des Hasen Verzehr.
„Wie kommt es, dass Lampe noch zaudert?",
drängte Bellyn. – „Weil er gern familiär
mit meiner Ermelyn plaudert",

lachte der Fuchs, „besprachen sie sich
doch schon lange nicht mehr zu zweien!"
„Es schien mir aber, als riefe er mich
und würde um Hilfe schreien?"

„Bellyn – als meine Frau vernahm,
dass ich nach Sankt Peter will wallen,
ist sie verzweifelt vor Sorge und Gram
sprachlos in Ohnmacht gefallen

zu unserem Schrecken so lange und tief,
dass Lampe das Schlimmste schon dachte
und um sie zu retten, nach Beistand rief,
worauf sie allmählich erwachte.

Lenkt Ihr nach meiner Begleitung nun
zum Königshof wieder die Schritte,
könnt Ihr mir einen Gefallen tun,
um den ich herzlich Euch bitte?

Es fragte mich gestern die Majestät,
ob ich ihr Rat würde geben
in einigen Fragen - so bald es nur geht -
da hab ich im Hause soeben

zwei Briefe in Eile fertiggestellt.
Während Lampe mit Ermelyne
am Kaffeetisch sich noch unterhält,
könnt Ihr sie zum schnellsten Termine

als Königsbote zum Hofe sofort
befördern im Reisegepäcke?"
Der Widder zögerte: „Für den Transport
fehlt die Tasche, in die ich sie stecke!"

Reineke meinte: „Wie würden wir denn
sie wohl sicherer schützen,
bester Bellyn, bedenkt doch, als wenn
wir den Ranzen vom Bären benützen?"

Und legte im Hause mit bösem Bedacht
des Hasen Haupt hinein – wehe! –
und sorgte zugleich, dass die heimliche Fracht
der gefällige Bote nicht sähe:

„Bellyn!", sprach er in beschwörendem Ton,
„aufs dringenste sei Euch geboten,
dass Ihr nicht unterwegs etwa schon
aufbindet die Schnüre und Knoten!

Sofern es Euch auch nur den äußeren Strick
etwa zu lösen gelüste –
der König im ersten Augenblick
es sehen würde und wüsste!

Denn ich habe mit ihm ausführlich vorher
als vereinbartes Zeichen besprochen,
wie ich die Knoten knüpfe, dass er
bemerkt, wenn sie wären erbrochen!

Und wenn Ihr sagt, Ihr hättet Euch mir
durch Beratung hilfreich erwiesen –
ich wette, von allen werdet Ihr
für Eure Weisheit gepriesen!"

Wie da der Widder vor Freuden sprang,
als er gedachte der Ehre
und wusste Reineke staunenden Dank,
dass er so gefällig ihm wäre –

Doch als er dann nach der Reise erschien
– schon Abend war es – bei Hofe,
ereilte den ahnungslosen Bellyn
sogleich eine Katastrophe:

Der König fragte, als er genaht,
wo Reineke wäre verblieben
– ohne sein Ränzlein – – „Nach meinem Rat
hat der Fuchs Euch zwei Briefe geschrieben!“

„Was tragt Ihr sie in der Tasche von Braun?
Das soll mich doch wundernehmen!“
Der König schickte, um nachzuschaun,
nach Bokert und Hinz, dass sie kämen.

Und schon war der Kater nach kürzester Frist
mit Bokert, dem Biber, zur Stelle,
der als Notar und bewährter Jurist
löste die schwierigsten Fälle

mit großer Klugheit und Sachverstand.
Er sollte mit Hinze nun sichten
den Inhalt vom Ranzen – doch was er da fand,
das waren Briefe mitnichten,

sodass die Zeugen dichtgeschart
schauend in schweigender Runde,
während Bellyn noch strich seinen Bart – –
flohen vor dem Befunde,

und wie bei dem Anblick so schauerlich
von des Ermordeten Haupte
der König entsetzt und außer sich
vor Zorn und Rachedurst schnaubte!

Dem armen Widder wurde sogleich,
ohne ihn erst zu befragen,
mit eines scharfen Richtschwertes Streich
der Kopf vom Halse geschlagen

und musste der Bote unverweilt
durch die Tücke des Fuchses sterben,
als er vom Augenschein falsch beurteilt
fand ohne Schuld sein Verderben!

Der König aber gedachte mit Scham
und Reue der braven Gesellen,
die noch im Kerker jammernd und lahm
sich wälzten auf ihren Fellen

verlassen und einsam und trostlos, und wie
wohl brannten noch ihre Wunden
in harten Fesseln, mit welchen man sie
zur Strafe hatte gebunden –

und senkte sein Haupt: „Wie fühle ich mich
von Reineke peinlich betrogen –
auch meine Gemahlin ward mitleidig
von seinen Worten bewogen,

ihm zu verzeihen und hat ihm geglaubt!
Der Schande anheim gefallen
sind so, ihrer Ehre und Freiheit beraubt,
die treusten von meinen Vasallen

und liegen in Banden blutig verletzt – "
Da sprach von des Königs Verwandten
einer, Lupardus genannt: „Aber jetzt
tröstet Euch doch! – Die Verbannten

könnt Ihr aus ihrer Gefangenschaft
noch heute wieder befreien
und ihnen zur Sühne für Kerkerhaft
dies Privileg verleihen:

Dass man hinfort als ewiges Recht
möge Bären und Wölfen gewähren,
aus der Verräter verfluchtem Geschlecht
sich unbegrenzt zu ernähren,

seis Schaf oder Fuchs! – Vor allem bedenkt,
dass Reineke, ist er gefangen,
ehe er wieder zu schmeicheln anfängt,
gleich werde aufgehangen

am nächsten Baum! – Was Eurer Person
und der Königin ist widerfahren
durch diesen Lügner, sollt Ihr vom Thron
feierlich offenbaren

als Warnung für jeden Untertan!“ –
– Und also wurden zum Feste
am Hofe nach des Lupardus Plan
die Tiere geladen als Gäste,

der Bär, der Wolf und die Wölfin befreit,
und danach mit höchsten Ehren
gab öffentlich allen der Herrscher Bescheid,
dass sie unschuldig wären!

Dann wurde gefeiert zwölf Tage lang,
wobei man sich wieder versöhnte
und fröhlich mit Pauken und Bläserklang
die Lustbarkeiten verschönte,

bis Braun und Isegrim und sein Gemahl
beinahe schon wieder vergaßen,
wie sie im Kerker in bitterer Qual
vor kurzem noch hoffnungslos saßen

schmählich entehrt! – Zu Minnespiel,
Gesang und manch launiger Posse
vernahm man jetzt Jubel und Jauchzen viel
bei der Feier im Königsschlosse.

So gingen nun einige Tage ins Land.
Als der König zur Mittagsstunde
speiste mit seinen Baronen, da stand
vor der Tafel mit klaffender Wunde

über den Scheitel bis zum Genick
das kleine Kaninchen! – Es fehlte
ein Ohr an der Seite. – Mit flehendem Blick
es weinend dem König erzählte:

„Ich wollte auf Eure Einladung hin,
Herr König, zum Hoffeste gehen,
und wie ich nun auf dem Wege bin,
hat Reineke mich gesehen –

Er tat so, als ob er im Pilgergewand
läse die Morgengebete,
und während er hinter dem Buche gespannt
mit einem Aug nach mir spähte,

Wilhelm Kaulbach gez. Adrian Schleich gest.

erhob er sich, grüßte freundschaftlich,
doch als er höflich sich bückte,
packte er rasch mit der Pfote mich,
und wie er mir mörderisch drückte

den Kopf auf die Erde, der Heuchler biss
plötzlich ins Fell bei den Ohren,
von denen er eines gewaltsam abriss,
worauf ich entfloh. – Verloren

war fast schon mein Leben. – Ach, keiner geht
sicher auf seinem Wege,
wenn er befürchten muss, Majestät,
dass der Fuchs im Hinterhalt läge!"

Da trat nach des kleinen Kaninchens Bericht
auch Merkenau vor, um zu klagen,
doch konnte die Krähe vor Trauer fast nicht
sich fassen, dem König zu sagen,

dass Reineke hatte schon wieder verübt
ein unerhörtes Verbrechen,
und so begann sie zu Tode betrübt
mit schluchzender Stimme zu sprechen:

„Heut morgen sah ich mit meinem Weib
Scharfenebbe, dass auf der Erde
ohne Bewegung lag Reinekes Leib
mit jammervoller Gebärde:

Die Pfoten gestreckt – aus der Schnauze hing
die Zunge – die Augen verdrehten
sich elend, dass meine Frau gleich ging,
um neben sein Maul zu treten,

und horchend, ob noch ein Atem wär,
sie ihn gestorben schon glaubte –
mit einem Mal aber schnappte er
aufwärts nach ihrem Haupte,

und wie er es ihr vom Leibe riss,
begann er sie zu verschlingen,
und als ich schrie, mit einem Biss
auch mich – doch konnt ich entspringen

und flog – ich bereu es ! – vor Schrecken gleich fort
auf einen Baum, wo mit Grauen
ich sah meines Weibes schaurigen Mord
in Reinekes gierigen Klauen –

bis nur noch die Federn blutig befleckt
lagen verstreut dort im Kreise –
die ich Euch nach diesem Frevel direkt
zu Füßen leg zum Beweise!

Doch Ihr, die Ihr Richter und Herrscher seid,
müsst ungesäumt alle Verbrechen
des falschen Fuchses mit Festigkeit
im Namen der Opfer jetzt rächen.

Hütet Euch wohl, dass vom Tode bedroht
er wieder mit Euch sich versöhnte
und abermals Euer Friedensgebot
mit neuen Morden verhöhnte!"

Als der König von allen Seiten bedrängt
vernahm die bewegende Klage,
hielt er die Blicke finster gesenkt,
im Stillen bedenkend die Lage

und seufzte: „Man sollte doch wahrlich nicht
der Fürsprache unserer Frauen
für einen Sünder vor dem Gericht
im Zweifelsfalle vertrauen!

Hat doch Herr Reineke leider auch mich
mit seinen Reden betrogen,
dass ich glaubte, er wäre reumütig
als Pilger zum Papste gezogen!"

Die Königin warnte ihn aber: „Bedenkt,
dass nicht nach Art einer Feme,
wenn er sofort würde aufgehängt,
versäumt wird, dass man vernehme

ausführlich zuvor auch die Gegenpartei
– sie muss der Klage sich stellen –
denn danach erst ließe sich einwandfrei
ein Urteil öffentlich fällen.

Und wird der Prozess nicht anerkannt
korrekt nach geltendem Rechte,
trifft uns vereinigter Widerstand
von Reinekes ganzem Geschlechte!"

Isegrim sprach: „Nun freilich, es rät
gewiss ein jeder das Beste,
während Reineke weiterhin geht
zur Jagd und kommt nicht zum Feste –

War er nicht geladen? – Doch blieb er zu Haus,
statt dass er bei Hofe erschiene!
Wie dachte er lauter Lügen sich aus,
und mit andächtiger Miene

erzählte er uns von Hüsterloh
und einem gewaltigen Schatze –
er findet sich aber nirgendwo,
wie tief man im Sande auch kratze!"

„Sehr wohl!", sprach der König, „so lasst uns nicht
zögern, um zu genügen
gemeinsam im Kampfe unserer Pflicht:
Hiermit will ich verfügen,

dass wir mit dem ganzen bewaffneten Heer
zur Burg Malepartus ziehen!
Kommt in der Rüstung mit Bogen und Speer:
Dann kann er uns nicht mehr entfliehen!"

Da schworen alle, sie kämen gern –
Doch Grimbart trat sachte beiseite,
verließ den Rat dieser tapferen Herrn
und suchte heimlich das Weite

auf dem Wege zum Fuchs, damit er jetzt schnell
werde von ihm unterrichtet,
dass und warum nach diesem Appell
die Ritter sich hätten verpflichtet,

die Burg zu belagern! – Er eilte sich sehr,
die Nachricht zum Oheim zu tragen,
und pünktlich vor seiner Haustür traf er
gleich Reineke, der mit Behagen

zwei junge Tauben, aus ihrem Nest
soeben gefallen, verzehrte,
jedoch mit wohlgelauntem Protest
der Besorgnis sich lachend erwehrte:

„Wäre ich denn nicht freiwillig
zu meinem König gegangen,
statt dass er droht, mich gewalttätig
in meiner Festung zu fangen?

Da sehe ich, Neffe, keine Gefahr!
Seid Ihr erschöpft von der Reise?
Ich biete Euch Täubchen, ganz wunderbar
zart als leckere Speise,

und tretet ein, doch bitte ich, schweigt!
Lasst nichts von der Fehde vernehmen,
weil meine liebe Frau dazu neigt,
sich um Bagatellen zu grämen!“

Sie gingen ins Haus. – Dort wurden sie gleich
von der Hausfrau geschäftig empfangen,
wo durch die Stuben mit manch keckem Streich
Reinhart und Rösselchen sprangen,

und der Vater erzählte voller Stolz,
wie die beiden bereits sich bewährten,
wenn sie verborgen im Unterholz
folgten lauernd den Fährten

von Kiebitz und Ente, Fasan oder Huhn
geduckt auf den Pfoten ganz leise!
Darauf beschloss man, gemeinsam nun
nach des Dachses beschwerlicher Reise

zu schlafen im Saal, mit Blättern bestreut.
– Reineke aber bedachte,
wie so ernstlich hatte der König gedräut,
dass er nach dem Leben ihm trachte –

und sprach in der Frühe zum Aufbruch bereit:
„Ermelyne, Ihr sollt Euch nicht grämen,
doch müssen wir beide für kurze Zeit
noch einmal Abschied jetzt nehmen!

Es ruft mich der König. – Er möchte mich bald
in seinen Diensten sehen!
Ich muss zu gebotenem Aufenthalt
mit Freund Grimbart unverweilt gehen."

Wie wenig war da die Füchsin erfreut
und fürchtete die Gefahren,
welche vom Vater und Gatten erneut
am Hof zu bestehen waren!

Doch mit Zuversicht sprach er: „Sorget Euch nicht!
Sind höchstens sechs Tage vergangen,
könnt Ihr mich hier nach erfüllter Pflicht
mit Freuden wieder empfangen."

Der Fuchs und der Dachs nun schritten fürbass
über die einsame Heide,
und vertraulich über dieses und das
besprachen die Herren sich beide.

„Seit wir zum letzten Male hier
gegangen sind, muss ich gestehen",
seufzte der Fuchs, „unterliefen mir
leider ein paar Versehen,

zum Beispiel mit Lampe: Verführerisch
hüpfte er vor meinen Augen,
dass er als Beute so fett und so frisch
schien mir vortrefflich zu taugen!

Ich hab seinen Kopf in den Ranzen getan,
dass selber der König dann richte
Bellyn, den albernen Hofkaplan
mit seinem schafsfrommen Gesichte!

Vor kurzem, Grimbart, begegnete ich
dem Kaninchen in meinen Revieren
und ließ es wohl etwas unhöflich
gerade noch einmal passieren –

Doch habe ich es gebührend belehrt,
indem ich es feste im Nacken,
feist und rundherum wohlgenährt,
bekam mit der Schnauze zu packen!

Frau Scharfenebbe verzehrte ich,
bis nur die Federn noch blieben
und habe dem König umständlich
mit Lügenmärchen beschrieben,

wo heimlich an einem einsamen Ort,
Hüsterloh nämlich in Flandern,
Gold wär zu finden. – Vergebens dort
wird er in der Einöde wandern!

Und weil mit Verleumdung ich habe ihn schlau
gründlich getäuscht und belogen,
wurden Braun und dem Wolf mit seiner Frau
im Kerker das Fell abgezogen.

– Mit Isegrim ging ich vor einiger Zeit
von Kackyß nach Elverdingen –
da sahen wir unter dem Schutz und Geleit
einer Stute ihr Fohlen springen,

und wie ihm schon wieder unmäßig
knurrte der leere Magen,
bat mich der Vielfraß flehentlich,
nach seinem Preise zu fragen.

Als ich mich ihm zu Gefallen darauf
erkundigte bei der Mähre,
erwiderte sie, dass er hinten auf
ihrem Hufe zu lesen wäre -

was ich verstand und zu Isegrim sprach,
dem die Lefzen schon zuckten begierig:
„Der Preis steht am Huf. – Seht selber nun nach –
mir scheint solche Schrift etwas schwierig.“

„Ich habe Latein und Französisch studiert,
auch legem und Deutsch, sodass füglich
ich lese, was immer man auch notiert,
fließend und unverzüglich“,

prahlte er da und wollte gebeugt
den Huf von unten beschauen,
doch hatte die Stute ihn seitlich eräugt
und ihm laut donnernd gehauen

mit Schwung den Huf aufs forschende Haupt,
dass ihm der Schädel dröhnte
und er vom Schlag seiner Sinne beraubt
ohnmächtig am Boden stöhnte.

Darauf wohl eine Stunde verging,
bis mit verwirrten Gebärden
er ganz erbärmlich zu seufzen anfing
und wegen starker Beschwerden

den Kopf sich stützte. „Wie seid Ihr gelehrt
und könnt im Hufumdrehen",
bestaunte ich ihn, „den Bescheid vom Pferd
mit einem Schlage verstehen!"

Da wollte der Tor noch betäubt und matt
sich über die Auskunft beklagen:
„Reineke", sprach er, „wie fürchterlich hat
mich die Mähre von hinten geschlagen!

Mit Eisennägeln schrieb sie den Preis!"
Er hatte ihn gründlich gelesen –
und konnte von seiner Gelahrtheit Beweis
beinahe nicht wieder genesen.

So hart war getroffen das jammernde Tier,
dass kaum behielt es sein Leben –
nun aber sprecht, Herr Neffe, ob Ihr
könnt mir die Sünden vergeben,

denn ihrer ledig wäre ich gern
und fühl mich von Reue beladen –"
Der Dachs gab zur Antwort: „Als Diener des Herrn
vergebe ich Euch in Gnaden –

aber bedenkt doch, habt Ihr nicht grob
sogar den König beleidigt?
Ich zweifele ehrlich, Reineke, ob
noch irgendwer Euch verteidigt!"

„Ach", sprach der Fuchs, „wer kommt durch die Welt
denn immer so, wie es den frommen
Betschwestern oder den Pfaffen gefällt!
Sind der Bär und der Wolf nicht willkommen

als Räuber am Hof? – Bereichert nicht auch
der König sich selbst? – Die Kaplane
senken den Blick nach höfischem Brauch
und schweigen im Schutz der Soutane.

Doch wenn der Fuchs als armer Mann
möchte ein Hühnchen stibitzen,
wundert man sich, wie sie scheinheilig dann
im Rat so selbstgerecht sitzen.

Und wenn sich einer zu wehren wagt,
wer will ihn denn überhaupt hören?
Er würde, sobald er vortritt und klagt,
die Richter beim Stehlen nur stören!

Bischof und Priester predigen zwar
ein gottgefälliges Leben –
pflegen aber selber fürwahr
kein christliches Beispiel zu geben!

Haben sie nicht ein Liebchen zur Hand
und kleiden sich kostbar und teuer –
erheben aber stets höher im Land
den Zoll und die Kirchensteuer?

Ernähren den Leib diese geistlichen Herrn
nicht mit den feinsten Gerichten?
Jedoch sie halten klüglich sich fern
von ihren geistlichen Pflichten!

Wie geht es im Kloster? – Während im Chor
die Mönche kyrieleisen,
ziehen Äbte und Priester es vor,
an üppiger Tafel zu speisen.

Beginen und Nonnen, wie leben sie fett
von Liegenschaften und Pfründen –"
„Es scheint mir", sprach Grimbart, „als beichtet
Ihr anderer Leute Sünden!"

Nun schwieg der Fuchs. – Als sie schritten schon nah
dem Hofe beim Gang durch die Heide,
Martin den Affen trafen sie da.
Er grüßte höflich sie beide –

Als Reinekes Oheim war ihm bekannt
des Fuchses bedrohliche Lage,
welcher jetzt seufzte: „Vom Papste gebannt,
erhebt sich ernsthaft die Frage:

Geh ich nach Rom, so fürchte ich sehr,
man rächt sich an meinem Weibe -"
„Das trifft sich", sprach Martin, „beim Schriftverkehr
im Dienste des Bischofs schreibe

ich als der Leiter seiner Kanzlei
alle amtlichen Sachen
und könnte vielleicht mal nebenbei
für Euch da so einiges machen

bei Simon, dem Oheim, bei Schalkefund
und Kardinal Ohnegenüge:
Sie stehen mit Doktor Greifzu im Bund
und kennen die Winkelzüge

wie Wendemantel und Losefund auch –
gegen ein Bußgeld in Talern
helfen sie gerne nach römischem Brauch
großzügig guten Bezahlern.

Ich wüsste ein Weib, dem der Kardinal
täte wohl manchen Gefallen –
und auch nicht weniger liberal
zwei Richter, tüchtig vor allen:

Moneta genannt und Donarius
wissen Beschwerden zu schlichten
und mit Schleifundwend, dem Notarius,
jede Sache zu richten.

Johannes Partey und Horchegenau,
der Schreiber und sein Geselle,
lösen zu Euren Gunsten schlau
die allerkitzlichsten Fälle -

Der Papst, müsst Ihr wissen, ist schwach und krank.
Sein Alter hat ihn entmachtet.
Er wird von uns allen schon jahrelang
in Geschäften wenig beachtet.

Ihr kennt doch, Reineke, meine Frau?
Der König schätzt sie vorzüglich.
Sie wäre als Hofdame Rückenau
Euch jederzeit gerne verfüglich!"

„Habt besten Dank! – Bei Gelegenheit
werd ich mich dankbar erweisen!“,
sprach der Fuchs, und sie schieden, um weiter zu zweit
zum Königshofe zu reisen.

Als Grimbart und Reineke näherten sich
dem König, lenkten die Schritte
erhobenen Hauptes sie zuversichtlich
durch drohender Feinde Mitte.

Reineke ging zum Throne stracks
und neigte sich tief bis zur Erde –
so stellte er sich begleitet vom Dachs
gehorsam des Königs Beschwerde

und sprach: „Martinus, den kundigen Mann,
traf ich auf seiner Reise
nach Rom und fragte, ob er den Bann
für mich vielleicht freundlicherweise

beim Papste zu lösen imstande wär?
Er versicherte mir, er kann es
ohne Problem als Privatsekretär –
so bin ich nun ledig des Bannes!“

Der König grollte: „Nicht einmal noch
werdet Ihr hier entkommen –
haben den schwersten Schaden doch
durch Euch meine Diener genommen:

Die Krähe und das Kaninchen! – Für sie
habe ich Rache geschworen!"
Reineke dachte: „Oh wehe, wie
kann ich mich retten?" – „Verloren",

sprach er und neigte wiederum sich,
„wäre unschuldig mein Leben,
wenn Ihr nicht auch m i r würdet großmütig
Erlaubnis zur Rede geben.

Habe ich Euch nicht stets unterstützt
mit Rat in vergangenen Tagen?
Getreulich ward Euer Land beschützt
und verläßlich Sorge getragen

durch Wache, die ich an der Grenze hielt,
als Grimbart die Botschaft mir brachte,
dass mein König mir gnädig zu kommen befiehlt,
mich zu reinigen von dem Verdachte,

ich hätte das kleine Kaninchen verletzt
an seinem Öhrchen? – Bewahre!
Wenn der König das glaubt, genauer er jetzt
die Wahrheit von mir erfahre:

Ich hatte mich morgens vors Schloss gestellt
und wollte da psalmodieren
die zweite Hore – doch sah übers Feld
müde und matt spazieren

meinen Freund, das Kaninchen. – Ich bat es zu Tisch
zur Stärkung während der Reise –
essen mit Waffeln, Brot, Butter und Fisch
wir doch mittwochs nur Fastenspeise![1]

Es geriet der Gast aber unliebsam
in Streit mit Reinhart, dem Kleinen,
und wenn er vielleicht dabei abbekam
einen Backs an eines von seinen

zwei Zipfelohren – mein König, nun ja –
das hat er dann selber verschuldet,
wenn er von dem munteren Tausendsassa
die drolligen Späße nicht duldet!

Die Krähe kam zu Besuch zu mir
und erzählte von seiner Frauen,
sie habe verschlungen in Eile und Gier
einen Fisch – zu groß zum Verdauen –

und als sie einging an diesem Fisch,
da sollte i c h nun stattdessen
mich tot gestellt haben, um heimtückisch
sie zu fangen und aufzufressen – ?!

Ich fordere Zeugen von solcher Tat!
Können Vögel nicht fliegen?
Wer würde jemals, wenn er sich naht,
einen zu fassen kriegen?

Doch findet niemand als Zeuge sich,
welcher imstande wäre,
die Tat zu beweisen hier öffentlich,
will ich kämpfen um Wahrheit und Ehre

---

1 Das Wort: „kerspetten" (Waffeln) wurde mit: „Kirschen" falsch übersetzt.
Reineke Fuchs, (Reynke de Vos von 1498), Reclam, Universal-Bibliothek Nr.
8768, S. 266. (Vergl.: Goethe: Reineke Fuchs)

mit ihrem Vertreter im ehrlichen Streit,
dass jeder könnte erkennen,
wer dann nach Recht und Gerechtigkeit
dürfte Sieger sich nennen!"

Nach des Fuchses also kühnlichem Wort
sah man die Kläger erbleichen
und geduckt Kaninchen und Krähe schnell fort
auf Zehenspitzen sich schleichen.

Sie flüsterten mit gesenktem Haupt:
„Lasst uns vom Hofe gehen!
Er verteidigt sich so, dass der König ihm glaubt
und wir nicht würden bestehen!"

„Seht da!", rief der Fuchs, „schon gehen sie hin,
weil sie nicht länger wagen,
zu lügen, wenn ich zugegen bin,
um frei die Wahrheit zu sagen!"

Doch jetzt rief der König: „Wie ging es zu
mit Lampes geschändetem Haupte?
Gab ich nicht Ranzen und wölfische Schuh
zur Reise nach Rom, wie ich glaubte?

Da kam voll Tücke Bellyn zurück,
auf dass er mir überreiche
von ihm und von Euch ein Aktenstück –
es war als Rest von der Leiche

der Kopf des gemordeten Lampe! – Sofort
ging es Bellyn an den Kragen –"
„Wie bitte – ?! –", bellte der Fuchs, „mit **MORD** – ! –
hat der Widder den Hasen geschlagen?

Weh mir! – Wie sorglos gab ich Bellyn
das Ränzlein mit heiligen Dingen,
weil er als Kaplan mir berufen erschien,
sie Euch sicher zu überbringen!"

Der König aber schwieg ungnädig,
und wie ihn Zweifel bedrängte,
begab er in seine Gemächer sich,
wo grübelnd die Schritte er lenkte

mit finsterer Miene zu seiner Frau.
Er zürnte Reineke heftig –
und traf dort die Dame Rückenau,
als Kammerfrau flink und geschäftig.

Die Äffin, erfahren, klug und gelehrt,
konnte nach allem man fragen.
Stets war ihr Rat vom König begehrt.
Nun sprach sie: „Dürfte ichs wagen,

hier untertänig der Majestät
meine Meinung zu sagen bescheiden:
Mir scheint, dass die Herren aus Rivalität
Reinekes Klugheit beneiden.

Wie oft schon wurde sein Vater verklagt,
und war er nicht immer im Rechte?"
Der König seufzte: „Aber dann sagt,
Ihr seid ja von seinem Geschlechte:

Er hat meine Untertanen verletzt,
denen ich Beistand schulde,
doch was geschieht, wenn ich wiederum jetzt
sein Treiben im Lande dulde?"

Wilhelm Kaulbach gez.   Rudolf Rahn gest.

Die Äffin versetzte: „Mein König, bedenkt,
die Menge der heimlichen Neider
verleumden den Fuchs, weil Ihr ihm schenkt
Gunst und Gehör, denn leider

merke ich manches und weiß es noch,
wie die Herren nicht wussten zu richten,
als eine Schlange zu Hofe kroch
und bat, einen Streitfall zu schlichten,

den e r allein löste fair und gerecht!"
„Wie ist das zugegangen?
Ich entsinne mich nicht mehr – Frau Rückenau, sprecht!"
„Die Schlange wurde gefangen

in einer Schlinge vorm Zaun, da kam
ein Wanderer des Weges geschritten,
worauf die sich windende Schlange ganz zahm
begann, ihn um Hilfe zu bitten.

„Wirst du mich nicht fressen?", fragte der Mann,
„wenn ich dir Hilfe gewähre?"
„Gewiss nicht!", wisperte sie und alsdann
schwur sies bei ihrer Ehre

und wurde aus ihren Fesseln befreit.
Wie sie gemeinsam nun gingen
friedlich ein Stückchen des Weges zu zweit,
wollte die Schlange verschlingen

den Retter – aus nagender Hungersnot
sie des Eides nicht länger gedachte,
sodass er plötzlich von ihr bedroht
nur knapp sich in Sicherheit brachte.

Nun aber zankten und stritten sich
die feindlich erzürnten Gesellen,
um vor Gericht dann spitzfindig
und erbittert die Frage zu stellen:

Ob Eid oder Not durch Hungerqual
wäre höher zu werten?
Da löste den Fall nach Gesetz und Moral
nicht einer der Rechtsgelehrten!

Zuletzt erklärten die Herren dann,
ratsam erschiene es ihnen,
die hungernde Schlange fräße den Mann
und gedachten, sich selbst zu bedienen –

Nur Reineke wusste es, als man ihn
fragte und er sich beschaffte
vom hohen Gericht einen Ortstermin,
wo das Loch im Zaune noch klaffte

und die Schlange erneut in die Schlinge kroch,
der Mann jedoch nunmehr die Frage,
ob er die Gefesselte immer noch
befreie aus hilfloser Lage,

entschieden verneinte – die Schlange, sie bat
vergebens und blieb in der Falle –
wie staunten über Reinekes Rat
die versammelten Richter da alle!"

Der König schwieg. – Doch sprach er dann
mit ernstem Blicke bedächtig:
„Reineke ist ein gefährlicher Mann
und der Rede hervorragend mächtig,

warum verteidigt Ihr ihn so sehr
und all seine Ränke und Streiche?"
„Die Familie des Fuchses ist populär
und tonangebend im Reiche!",

bemerkte die Äffin mit heimlichem Wink
und bedeutsam geflüsterter Sprache,
worauf der König wiederum ging
mit ihr aus seinem Gemache

zum Throne, wo er versammelt fand
um Reineke eine Gemeinde,
die zahlreich mit Freund und Familie stand
gegenüber dem Haufen der Feinde.

Der König sprach drohend: „Bellyn brachte mir
das Haupt von des Hasen Leiche
als Brief von Euch beiden! – Da ward der Kurier
gerichtet – erwartet das Gleiche!"

„Für das –", rief der Fuchs, „was Bellyn hat getan?!
Wie konnte jemals ich glauben,
dass des Königs eigener Hofkaplan
würde morden und rauben

nach Lampes Tod die erlesene Fracht
von meines Vaters Schätzen,
die sie als Boten Euch hätten gebracht
und die niemals mehr sind zu ersetzen!"

Frau Rückenau aber riet sogleich:
„So lasst sie uns suchen und fragen
und forschen und spähen im ganzen Reich,
wohin sie Bellyn hat getragen."

Der Fuchs sprach: „Wie recht hatte Ermelyn,
als sie mit beschwörendem Worte,
weil es ihr zu gefährlich erschien,
abriet von dem Transporte.

Nun fällt auf mich ein schwerer Verdacht!
Doch werde ich schuldlos befunden,
so will ich rastlos bei Tag und bei Nacht
das Versteck des Schatzes erkunden!

Als Richter wusstet mit fester Hand
Ihr sogleich das Verbrechen zu ahnden –
doch sollte man jetzt nicht im ganzen Land
nach den Schätzen überall fahnden?"

„Waren die Stücke noch unversehrt?",
fragte die Frau von dem Affen.
„Von unzerstörbar ewigem Wert –
wie für einen Herrscher geschaffen!"

Als der König diese Worte vernahm,
wollte er gerne erfahren,
warum sie so überaus wundersam
und kostbar gewesen waren –

weshalb er im Namen des hohen Gerichts
Reineke nunmehr befehle,
dass er den hier Versammelten nichts
als die reine Wahrheit erzähle!

Der Fuchs begann: „Zuerst war da
ein Zauberring ohnegleichen –
aus Gold war er, und im Inneren sah
man drei hebräische Zeichen.

Doch weil ringsum im Lande hier
niemand die Lettern erkannte,
an Abryon, einen Meister aus Trier,
ich mich vertrauensvoll wandte:

„Das ist ein herrliches Kleinod fürwahr!",
rief er staunend, „weil diese drei Namen
im Goldglanz des Ringes unmittelbar
vom Paradiese einst kamen

durch Seth, den Frommen, dass zauberhaft
bis an sein Lebensende
den Träger beschütze des Ringes Kraft,
wo immer er sich befände."

Vorn an dem Ringe glänzte ein Stein.
Das war ein heller Karfunkel:
Er leuchtete nachts mit magischem Schein
auch im dichtesten Waldesdunkel.

Feuer und Kälte, Gift oder Hass
und alle andern Gefahren
bannte sein Strahl, und ich dachte, dass
er sollte den König bewahren

und hatt ihn vom Schatze des Vaters gebracht
in meine Burg. – Zwei Dinge
waren der Königin zugedacht,
denn außer dem heiligen Ringe

wählte ich noch einen Spiegel – zugleich
mit einem Kamm, der hell blitzte,
weil man mit Kunst figurenreich
aus Pantherknochen ihn schnitzte,

und wenn man sich kämmte, bei jedem Strich
spürte man einen feinen
und köstlichen Duft, der schwebend entwich
aus des wilden Tieres Gebeinen,

welche vom Paradiese nicht weit
in Indien wurden gefunden
und die wie ein Wunder jederzeit
lassen Kranke gesunden.

Denn das Aroma so wonniglich
pflegt im Skelett zu verweilen,
sodass die Tiere dort alle sich
mit diesem Wohlgeruch heilen!

Nun war auf dem Kamm in Ebenmaß
erhaben in Bildern zu sehen,
wie vor Paris, welcher am Brunnen saß,
drei herrliche Göttinnen stehen:

Pallas und Juno und Venus im Streit
um den goldenen Apfel – er solle
ihn geben der Schönsten aus freiem Entscheid,
welcher auch immer er wolle –

Juno versprach: „Ich schenke dir
Reichtum über Verlangen!“,
und Pallas gelobte: „Du wirst von mir
das Zepter des Herrschers empfangen!“

Venus jedoch bot ihm Helena
– wahrlich ein Weib ohnegleichen –
wie eifrig Paris den Apfel da
ergriff, ihn der Göttin zu reichen!

Und weil er sie als die Schönste pries,
ist Venus ihm hilfreich gewesen
bei Helenas Raub – und alles dies
war zierlich in Szenen zu lesen.

Ihr wisst es, mein König, wie sehr ich bin
bewundernd und dienend ergeben
Eurer Gemahlin, der Königin,
sie gilt mir mehr als mein Leben!

Der Spiegel für sie war ein Edelstein:
Ein Beryll – in welchem anstelle
des Glases mit kristallenem Schein
in überirdischer Helle

man konnte erkennen von fern und nah,
bei Nacht wie auch am Tage
alles, was ringsum auf Erden geschah,
und trüge einer als Plage

und Makel ein leibliches Missgeschick –
es wäre schon nach Sekunden
für immer gleich nach dem ersten Blick
in diesen Spiegel verschwunden.

Aufs Kostbarste – denkt! – war ringsherum auch
ein Rahmen aus Sethym gezimmert:
Ein Holz, welches dauerhaft im Gebrauch
mattglänzend wie Elfenbein schimmert.

Viel Bilder waren da eingraviert
und als kunstreiches Schnitzwerk zu sehen
mit goldenen Buchstaben subliniert
eine Fabel, leicht zu verstehen:

Ein Pferd und ein Hirsch, die liefen zu zweit
um die Wette. – Wer hat gewonnen?
Der Hirsch! – Da fühlte heftig mit Neid
das Pferd sich ihm feindlich gesonnen

und ging zum Hirten und sprach mit List:
„Wenn du Beute suchst, kann ich dir zeigen,
wo ein Hirsch im Walde verborgen ist –
Willst du auf den Rücken mir steigen,

so trag ich dich hin! – Der Hirte mit Speer
bestieg es zum hurtigen Jagen –
doch wurde der Reiter dem Pferde zu schwer,
es konnte ihn bald nicht mehr tragen

und keuchte: „Ich bin erschöpft bis zum Tod!"
Der Reiter aber versetzte:
„Es war dein eigenes Angebot!",
worauf er es mitleidlos hetzte

und ließ nicht ab und bezwang es mit Kraft
und spornte es ohne Gnade –
so ergehe es jedem, der frevelhaft
fördert des anderen Schade!

Erlaubt, mein König, dass weiterhin
ich noch so eine Geschichte
beziehungsreich durch verborgenen Sinn
vom Schnitzwerk des Spiegels berichte:

Esel und Hund lebten seinerzeit
auf dem Hof ihres Herrn, der vor allen
liebte das Hündchen mit Zärtlichkeit,
dass wenig wollte gefallen

dem alten Esel sein hartes Los.
Er maulte: „Ich muss mich mit Säcken
tagsüber schleppen! – Der Hund liegt im Schoß
des Herrn und darf ihm da lecken

als Liebling zutraulich Bart und Hand,
die ihn füttert mit zierlichen Bissen –
ich aber muss bei kargem Proviant
den Dank meines Meisters vermissen!

Im Hof in der Ecke liege ich kalt!
Doch will ich nicht länger mich grämen –“
und wie er sich wollte mit aller Gewalt
so herzig wies Hündchen benehmen,

nahte er täppisch und töricht sich
dem Herrn mit plötzlichem Sprunge,
leckte den Schnurrbart ihm kitzelig
mit der rauen, stachligen Zunge

und wollte sich schmiegen liebevoll
mit den Nüstern an seine Wange –
der Herr aber rief: „Der Esel ist toll !“,
und befahl, dass man ihn fange

und alsbald führe in einen Stall,
wo er Prügel sollte bekommen,
denn er hätte bei diesem Überfall
sich recht wie ein Esel benommen!

Der wäre ein Tor, der den Stand vergisst,
in welchem er wurde geboren,
obwohl er sichtbar gezeichnet ist
mit Wedel und Eselsohren!

Und ferner, mein König, war meisterhaft
in Holz geschnitzt dort zu lesen,
wie mein Vater mit Hinze auf Wanderschaft
ist einst unterwegs gewesen:

Sie hatten geschworen, bereitwillig
zu teilen Gewinn und Gefahren,
in welchen sie gegenseitig sich
wollten stets treulich bewahren.

Und horch! – Schon zogen die Jäger hinaus
in den Forst mit lärmenden Hunden,
als plötzlich Hinze nahm schmählich Reißaus
und war auf der Stelle verschwunden!

In Sicherheit hockte auf einem Baum
der treulos feige Gefährte –
mein Vater aber vermochte sich kaum
zu retten, bis ihm gewährte

zum Glück in der Erde ein offenes Loch
Zuflucht in letzter Minute,
er war in der Tiefe geborgen, jedoch
wie elend war ihm zumute,

dass ihn der Kater sogleich ließ im Stich,
obwohl er Treue geschworen:
So hat wohl schon mancher unrühmlich
den Beistand der Freunde verloren!

Das nächste Bild zeigte, ein Knochenrest
einst Isegrim jämmerlich steckte
im Schlunde hinter der Kehle so fest,
dass fast er in Krämpfen verreckte

und rief den Arzt und bot ihm viel Lohn
– wie viel Taler auch immer es seien –
da schritt der Kranich zur Inspektion,
ihn von der Qual zu befreien.

Als er die Schnabelspitze geschickt
hatte ins Maul geschoben
und sachte den Knochen sorglich gepickt
aus dem röchelnden Rachen gehoben,

heulte der Wolf: „Ihr habt mich verletzt,
und Schmerzen musst ich ertragen,
deswegen will ich zur Strafe jetzt
den Lohn solchem Doktor versagen!

Wie leicht hätte ich, sofern ich gewollt,
das Haupt Euch vom Halse gerissen –"
so versprechen Betrüger erst einen Sold,
den sie dann zu verweigern wissen!

Und diese drei Gaben hütete ich
für Euch daheim – beim Beschauen
erhoben die Füchslein neugierig
vorm Spiegel die Schwänzchen und Klauen

und lachten mit ihren Mäulchen so keck
und schnitten so lustig Grimassen –
nun liegen die Schätze in einem Versteck,
und ich habe zugelassen,

dass man sie forttrug vom sicheren Ort,
ohne zu ahnen, dass drohte
Raub und Verlust bei ihrem Transport
und Lampe der Tod als mein Bote!

Vielleicht, dass einer aus diesem Kreis
jetzt vortritt, um auszusagen,
dass er als Zeuge zufällig weiß,
wie das Unglück sich zugetragen?

Mein Vater, Herr König, ist Eurem einmal
mit Rat behilflich gewesen,
als er erkrankt, von tödlicher Qual
glaubte nicht mehr zu genesen:

Wisst Ihr es noch? – Vor Euren Thron
kommen ja täglich Geschäfte
von böser Verleumdung und Korruption
und fordern all Eure Kräfte!

Ach! – Diese Schmeichler! – Sie würden gern
jedem Verdienste schaden
mit ihren Lügen – darf ich meinen Herrn
erinnern? – Haltet zu Gnaden,

wenn ich berichte: In großer Not
lag Euer Vater zu Bette.
Die Ärzte erklärten, dass er den Tod
alsbald zu erwarten hätte –

Man rief meinen Vater, der ehrfürchtig sprach:
„Lasst mich das Wasser besehen!",
und warnte mit Ernst den König danach:
„Wahrlich! – Um Euch ists geschehen,

Wilhelm Kaulbach gez.Steifensand gest.

sofern Ihr nicht jetzt in dieser Gefahr
eine Leber werdet verzehren
von einem Wolfe von gut sieben Jahr!"
Da wollte der Wolf sich noch wehren

und rief, er wäre fünf Jahre alt -
doch dem Vater sie ausreichend schienen:
Er müsse dem Könige zum Erhalt
des Lebens als Opfer jetzt dienen –

und man schleppte den Wolf, der noch sträubte sich,
sogleich in die Küche, zu schneiden
in seinen Bauch mit energischem Stich,
die Leber frisch auszuweiden.

Der König gewann durch die Operation
Gesundheit und langes Leben
und hat als Dank meinem Vater zum Lohn
eine goldene Spange gegeben

mit rotem Barett! – Wie ehrenvoll war
auch das auf dem Rahmen beschrieben!"
Der König meinte: „Das ist mir zwar
nicht mehr im Gedächtnis geblieben –

doch bei jeder Audienz vor meinem Thron
höre ich über Euch Klagen –
vielleicht könnt Ihr selbst von Eurer Person
auch mal was Verdienstvolles sagen?"

„Gewiss", sprach der Fuchs mit Bereitwilligkeit,
„Ihr werdet es selber noch wissen,
wie der Wolf und ich vor einiger Zeit
hatten ein Schweinchen gerissen –

da kamt Ihr des Weges, Majestät,
mit Eurer edelen Frauen.
Als Isegrim aber, dieser Prolet,
begierig mit Schlingen und Kauen

beim Fraße überm gemästeten Schwein
statt Euch zu begrüßen, verweilte –
ludet Ihr selbst Euch zum Festmahle ein,
worauf er die Beute dann teilte

wie ers gewohnt ist – zu seinem Gewinn:
Ein Viertel für Euch, mein Gebieter,
das andere Viertel der Königin!
Die Hälfte aber beschied er

glattweg für sich selbst. – Für mich jedoch
hatte er kärglich erkoren
die Nase, die Lunge und außerdem noch
ein winziges Stück von den Ohren.

Oh Jammer! – Wie Ihr noch hungrig wart,
als Ihr hattet das Viertel gegessen –
und zürntet dem Wolf, der nach seiner Art
dabei war, das meiste zu fressen!

Da habt Ihr gehörig den frechen Gesell
mit der Tatze getroffen, dass Beulen
am Kopf ihm wuchsen aus zottigem Fell
und er jämmerlich fing an zu heulen

nach Eurem gewaltigen Backenstreich,
der wölfische, maßlose Fresser –
Ihr aber befahlt mit Strenge sogleich:
„Schafft Beute, und teilt sie dann besser!"

„Wenn Ihr es wünscht", entgegnete ich,
„will ich mit Isegrim jagen!"
Zwar wollte er wieder wehleidig
über Euch sich wie üblich beklagen –

doch trieb ich ihn an, bis wir ein Kalb
erlegten, von dessen Leibe
ich höflich teilte erst halb und halb
zwischen Euch, Herr, und Eurem Weibe

und gab Euren Kindern, was innerlich
sich fand von Leber und Lungen,
das Haupt dem Wolf, die Füße für mich
hatt ich mir ausbedungen.

Wie Ihr mir danktet und fragtet, durch wen
ich lernte solch Teilen der Beute,
erklärte ich, gleich einem Gentleman
belehrtet Ihr selber mich heute,

als der Wolf bei der Mahlzeit so weit sich vergaß,
dass, ohne sich dessen zu schämen,
er vor Euren Augen für dreie fraß
und gestraft ward für dieses Benehmen!

Ohne Rücksicht auf Euch, Majestät,
bereichert doch unrechtmäßig
so mancher sich ohne Loyalität
wie Isegrim frech und gefräßig:

Und dennoch verlangt dieser eitle Snob,
dass man vorzüglich ihn ehre,
wenn er sich gebärdet und brüstet, als ob
er von allen der Vornehmste wäre!

Und Reineke sollte vor dem Gericht
feindlichem Schiedsspruch sich beugen?
Ich bestehe darauf, dass man mich nicht
verurteilen darf ohne Zeugen!"

Der König seufzte: „Überaus schwer
bekümmert mich Lampes Ende,
und ich frage mich ständig, wie und woher
ich darüber Aufklärung fände.

Schon büßte Bellyn den bösen Verrat
als mörderischer Begleiter –
doch man untersuche den Hergang der Tat
auf dem Gerichtswege weiter!

Was mich betrifft, so vergebe ich
Reineke nunmehr in Gnaden,
und wer jetzt noch will klagen, sei öffentlich
zum Prozess mit Zeugen geladen!"

„Ich danke Euch, Herr!", der Fuchs da sprach,
„Wüsstet Ihr, wie ich mich gräme
über Lampes Ermordung und Bellynens Schmach,
doch dass es dies Ende nähme –

wie konnte ich ahnen, was geschah,
als sie mit den Schätzen gingen
und ich sie nach unserem Abschied noch sah
fröhlich den Wanderstock schwingen?"

Fast alle glaubten dem Redner aufs Wort,
wie er berechnend es wählte
und vom eigenhändig verübten Mord
nur Lügengeschichten erzählte!

Der König aber – wie wollte er gern
alle die Schätze nun haben
und befahl dem Fuchs: „Forscht nah und fern,
wo der Diebstahl ward heimlich vergraben,

dass wir den Hehler mit strengem Gericht
bestrafen, und kann ich Euch nützen -
sagt an! – Es ist meine Königspflicht,
das Recht im Reiche zu schützen!"

Also war Reineke wiederum
seiner Bestrafung entkommen,
und es hatten die Herren im Kreise ringsum
den Willen des Königs vernommen!

Doch Isegrim, siehe! – stand auf, und laut
rief er, sich heftig empörend:
„Ach, dass Ihr wieder dem Schmeichler vertraut
und seht nicht, wie alle betörend

er sich verstellt und mit frommem Gesicht,
jedoch mit ganz offenbaren
Lügen Euch falsche Schätze verspricht?
Nun aber sollt Ihr erfahren,

wie er uns betrogen hat! – Öffentlich
werd ich seine Taten jetzt nennen,
auf dass Ihr den Heuchler noch rechtzeitig
zu Eurem Heil sollt erkennen!

Denkt Euch die Schande: Einst hatte er keck
im Winter mein Weib begleitet
und führte sie heimlich zu ruchlosem Zweck,
wo ein Teich am Ufer sich breitet:

Sie solle den Schwanz, so sprach er ihr zu,
ins Wasser hineinhängen lassen –
an seinem Ende würden im Nu
die Fische mit Mäulern ihn fassen

und zöge sie ihn dann plötzlich heraus,
gleich fände sie leckere Speise!
Doch der See fror zu – und wie ging es aus?
Gefangen am Schwanze im Eise

war auf der Stelle mein Weib gebannt
und konnte sich nun nicht mehr wehren,
als Reineke sie hat dort übermannt
in schimpflich schnödem Begehren!

Zufällig kam ich des Weges daher –
kaum war die Ärmste imstande,
um Hilfe zu rufen – noch heftiger
betrieb er da Unzucht und Schande!

Fast brach mir das Herz – und wie er entfloh,
wollte ich rasch sie befreien,
doch zerrte sie an dem Schwanze – und so
riss er – ihr Jammern und Schreien

vernahmen die Bauern und liefen zum Teich
mit Piken und Äxten versehen –
sie schlugen mit zornigen Hieben sogleich
und begannen, uns lauthals zu schmähen

als Räuber der Schafe – bis ich halbtot
bei elend gemartertem Leibe
flüchtete in verzweifelter Not
mit meinem geschändeten Weibe.

So sei Euch, mein Herr und Gebieter, geklagt
der Verlust ihrer weiblichen Ehre!"
Der König sprach aber: „Lasst hören, was sagt
der Fuchs zu dieser Affäre?"

„Ich wundere mich, was der Wolf da erzählt –
er sollte sich besser benehmen,
anstatt sein Weib, ihm so treulich vermählt,
vor allen hier zu beschämen!

Zwar zeigte ich freundlich die Stelle ihr,
doch war sie zu ihrem Schaden
nur allzu bereit, sich in wölfischer Gier
beim Fischen zu überladen

und hielt – ich warnte sie rechtzeitig noch –
den Schwanz zum reichlichen Fange
aus Unbedacht in das eisige Loch,
das zufror, leider zu lange

und saß nun fest – da wollte ich schnell
von hinten sie ziehen und heben,
doch blieb mit angefrorenem Fell
ihr Schwanz an der Eisdecke kleben.

Isegrim kam und glaubte sofort
aus Eifersucht an ein Vergehen –
aber die Ehefrau sehe ich dort
ganz in der Nähe stehen:

Frau Gieremund, habe ich jemals denn
Euch wie ein Wüstling besprungen?
Ihr würdet wohl Klage erheben, wenn
ich Euch hätte zur Unzucht gezwungen!"

„Wissen wir nicht, dass Ihr immer nur lügt
und mit Worten leicht einen jeden,
so wie auch mich, verführt und betrügt?",
begann die Wölfin zu reden:

„Einst kam ich zum Brunnen. – Ihr saßet am Grund,
zwei Eimer am Seile waren
zum Schöpfen befestigt – Ihr tatet mir kund,
auch ich sollte niederfahren,

um dort in Mengen – so sagtet Ihr –
Fische zu finden – stattdessen
hattet Ihr selber schon alle vor mir
gefangen und aufgefressen!

Und als ich arglos im Eimer saß,
wie habe ich mich erschrocken,
als er gleich sank und geschwollen vom Fraß
Herrn Reineke sah ich hocken

im zweiten Eimer, der aufwärts fuhr
– er schien wie durch Zauber zu schweben –
Ich fragte: „Oh sagt mir, wie kommt das nur?"
„So geht es nun einmal im Leben",

war Eure Antwort, „wenn einer steigt,
so muss der nächste sich senken!
Ich habe Euch nur ein Gleichnis gezeigt
auf dass Ihr möget bedenken,

wie Tugend sich hebt und umgekehrt
das Laster nach dem Tarife,
der ihm gebührt, durch sich selber beschwert
versinken muss in der Tiefe!“

Als man mich unten im Brunnen sah,
zogen frohlockend die Bauern
den Eimer nach oben, um drohend alsda
mit Stöcken mir aufzulauern,

und alle schlugen mich beim Empfang
auf Tatzen, Ohren und Rücken,
worauf ich mit letzter Kraft noch entsprang,
doch musste hündisch mich bücken,

als ich vor Schmerzen zusammengezuckt
schleppte mich mühsam beiseite
und flach und zitternd zu Boden geduckt
suchte verwundet das Weite!“

Höhnisch entgegnete Reineke ihr:
„Es ließ sich wohl nicht vermeiden,
dass in einem Falle wie diesem hier
nur einer entkam von uns beiden!

Jedoch belehrt durch meine Person
habt Ihr Erfahrung gewonnen
und seid ja schließlich nach der Lektion
dem Hinterhalt glücklich entronnen!“

Der Wolf rief entrüstet: „Wird endlich nicht jetzt
der eitle Schwätzer gerichtet?
So sei Euch von seiner Bosheit zuletzt
noch ein weiterer Vorfall berichtet:

Wir gingen in Sachsen. – Leicht zugänglich
war da eine Höhle zu sehen,
und Reineke überredete mich,
sorglos hineinzugehen,

seine Frau Muhme wohne hier,
ich solle die Äffin begrüßen,
doch den Besuch in ihrem Quartier
musste ich elendig büßen!

Er schickte mich nämlich mit Hinterlist
zu einem bösen Empfange –"
Reineke lachte: „Herr Isegrim ist
nicht ganz bei Trost! – Wie lange

ist es schon her – wohl dreieinhalb Jahr,
da lenkten wir unsere Schritte
nach Sachsen, soweit ist sein Märchen wohl wahr –
Isegrim aber, ich bitte –

was Ihr behauptet, ist lächerlich,
Meerkatzen warens, nicht Affen -
was hätte denn ausgerechnet i c h
mit solcher Verwandtschaft zu schaffen!

Frau Rückenau und meinen Oheim, den Herrn
Martinus, den Anwalt der Rechte,
begrüße als vornehme Affen ich gern
zur Zierde von unserm Geschlechte.

Die Alte habe ich Muhme genannt
und will es offen gestehen –
war ich doch, wenn auch mit ihr nicht verwandt,
genötigt, mich vorzusehen!

Hört also! - Wir gingen auf Wanderschaft
längs eines Berges einträchtig,
als Hunger schon wieder schauderhaft
plagte Isegrim mächtig.

Er ist ein ewiger Nimmersatt,
der fett sich pflegt zu ernähren,
doch wenn er Nahrung genossen hat,
neue alsbald zu begehren!

Wie wir nun so gingen, erblickten wir nah
eine Höhle, verborgen, doch offen:
Ich dachte bei ihrem Anblick: „Sieh da!
Das haben wir günstig getroffen!",

und sprach zum Wolf: „In diesem Loch
fändet Ihr wohl was zu essen!"
Isegrim als ein Feigling jedoch
fürchtete sich, dass stattdessen

vor dem so dunkel bedrohlichen Bau
mit zögerndem Unbehagen
er sich bedachte und flüsterte schlau,
um schmeichelnd mir vorzuschlagen:

„Am besten, Gevatter, geht Ihr voran,
mit Würde seid Ihr gesegnet,
sodass ein jeder als vornehmem Mann
Euch ehrerbietig begegnet."

So ging ich hinein. – Eng war der Gang,
in Kurven abwärts gewunden –
und wahrlich einen üblen Empfang
hab ich am Ende gefunden:

Ein Nest mit Meerkatzen vollgepackt
als Fratzen von Mäulern und Klauen,
den Schweif schwenkte scheußlich das größte Tier nackt,
und fürchterlich musste ich schauen

die Krallen der Pfoten gespreizt und lang,
während durchdringend peinlich
vom Lager aus Heu strich ein fauler Gestank
von Kot, und keineswegs reinlich

krabbelte diese gespenstische Brut
in räudigen, filzigen Fellen –
wie wurde mir da beklommen zumut,
doch gelang es mir, mich zu verstellen,

und tat gleich so, als wär ich verwandt
und pries die entzückenden Kinder
sowie die Mutter mit allerhand
Redensarten nicht minder

und scheute mich nicht, sie immer erneut
herzliebste Muhme zu nennen
und rief, ich wäre von Herzen erfreut,
jetzt die ganze Familie zu kennen!

Sieh da! – Nach wortreicher Rede und mehr
von solcherlei Fisimatenten
überschüttete sie mich mit freudigster
Fülle von Komplimenten

und hoffte, ich würde die Kinder fortan
mit meiner Weisheit belehren –
ich aber wollte mich schleunigst sodann
wieder zum Ausgange kehren,

schon trug sie eifrig als Mahlzeit herbei
reichliche, schmackhafte Speise
von Hirschen, Rehen und allerlei
Wildbret – auch für die Reise

reichte sie einen Braten mir,
bis ich dankend enteilte
und ihn dem Wolf gab, der vor dem Quartier
des Gesindels begierig verweilte

und fragte, wie ich es unten fand?
Ich flüsterte: „Durchaus abscheulich!",
doch wenn er sich stellte, als wär er verwandt
und fänd die Begegnung erfreulich,

alsdann vermöchte mit Diplomatie
die Alte recht zu hofieren –
gleich würde mit einem Festmahl sie
geschmeichelt sich revanchieren!

Ich warnte ihn also. – Der Tollpatsch jedoch,
ohne sich zu bezähmen,
betrat jetzt mutig das stinkende Loch
mit ungalantem Benehmen.

Schlimm sah er aus, als er wiederkam:
Ein Ohr hing halb abgerissen
bis auf die Schulter - er hinkte lahm,
zerschunden von Striemen und Bissen,

und jammerte laut und beklagte sich,
er wäre mit fauchenden Hieben
und ohne Mahlzeit höchst ungastlich
von einer Furie vertrieben,

nachdem er hätte als höllische Brut
ihre garstigen Kinder gescholten –
da wurde dem Flegel mit scharfem Tribut
die Beleidigung blutig vergolten!

Und nun, Herr König, ich bitte Euch, sprecht,
so wie der Wolf sich benommen,
hat er nicht für die Grobheit zu Recht
von der Kätzin Prügel bekommen?"

Bebend vor Zorn und außer sich
rief der Wolf: „ Was wollen wir streiten?
Lasst ein für allemal endgültig
als Gegner zum Zweikampf uns schreiten!

Wie oft habt Ihr mir meine Gieremund
geschändet in schamloser Weise,
und dem König tue ich hiermit kund,
dass Ihr damals als elende Speise

vor der Höhle statt eines Bratens mir
legtet nur Knochen zu Füßen –
und wahrlich sollt Ihr nun auch im Turnier
bitterlich dafür büßen,

dass Ihr als Märchen hier habt erzählt,
wir hätten zum Herrscher erkoren
Herrn Braun und ihn zum König gewählt
und ihm die Treue geschworen

und sagtet, Ihr hättet bei Hüsterloh
heimliche Schätze vergraben?
Das werdet Ihr aber ebenso
vortrefflich gelogen haben!

Denn Lüge ist alles, was immer Ihr sprecht!
Seht doch den Heuchler, da steht er!
Und was er getan hat, werde gerächt
an dem Mörder, dem Dieb und Verräter!

Der Handschuh sei zum Zeichen gesetzt,
dass nun der Kampf soll entscheiden,
wer sich behauptet zu guter Letzt
als der Ehrliche von uns beiden!"

Der Fuchs erschrak. – Gefährlich erschien
ihm allerdings Isegrims Größe,
und er fragte sich, ob er wohl träfe ihn
von unten durch Bisse und Stöße?

Jedoch mit Gleichmut bewahrte er sich
Zuversicht und Vertrauen –
fehlten dem Wolfe nicht hinderlich
an den vorderen Tatzen die Klauen?

Und er entgegnete: „Lügner seid I h r
mit allen Euren Beschwerden,
und morgen schon wird es öffentlich hier
vor allen bewiesen werden!",

und reichte nun auch seinen Handschuh zum Pfand
dem König gebeugt auf den Knien,
der streng nach der Vorschrift darauf bestand
– dass keiner vorm Kampf möchte fliehen –

Bürgen zu stellen. – Beim Wolfe bereits
Hinze und Braun sich befanden,
während bei Reineke andererseits
Grimbart und Moneke standen –

der Letztere war ihm verwandt als Sohn
von Martin, dem würdigen Affen.
So schieden sie von des Königs Thron –
doch siehe! – Mit Öl in Karaffen

Frau Rückenau hurtigen Fußes kam,
um glatt das Füchslein zu salben,
nachdem mit der Schere aufmerksam
den Pelz sie ihm allenthalben

vorn auf der Brust und über dem Bauch,
zwischen dem Kopf und den Krallen
und hinten am Rücken sorgfältig auch
beschnitten hatte. – Mit allen

Muskeln fettglänzend, geschmeidig und rund
der Leib war wendig zu sehen -
auf dass Herr Reineke heil und gesund
den Kampf würde siegreich bestehen!

Doch solle er trinken, das Wasser dann ganz
die Nacht durch bewahren, mit dessen
vollem Strahl er den buschigen Schwanz
vorm Kampfe dann könne benässen

und Isegrim arglistig täuschen, als ob
er furchtsam wolle entweichen,
um ihm von hinten plötzlich und grob
den Wedel durchs Auge zu streichen

Wilhelm Kaulbach gez.   Adrian Schleich gest.

und wirbeln mit seinen Pfoten im Wind
viel Sand, dass der Wolf nichts mehr sehe
und gleich zu Beginn des Turniers wie blind,
gelähmt und hilflos dastehe.

Dann legte Frau Rückenau ihre Hand
auf Reinekes Haupt zum Besprechen
mit dem Spruch eines Abtes, durch welchen gebannt
wird Unheil und jedes Gebrechen:

„Gaudo stazi salphenio",
begann sie, den Fuchs zu beschwören:
„Casbu gorfous as bulfrio!"[1]
Fremd war die Rede zu hören –

Doch so vor Tod und Verderben gefeit
vermag in allen Gefahren
der Held sogar im heftigsten Streit
sich unversehrt zu bewahren.

Grimbart als Nächster murmelte auch,
den Zauber zu unterstützen
und durch einen uralt bewährten Brauch
Reineke heilig zu schützen.

Rings um den Fuchs versammelten sich
nun alle seine Getreuen:
Durch Zuspruch wollten sie nachdrücklich
letzte Bedenken zerstreuen

und führten alsbald zur Ruhe ihn.
Da legte der Fuchs sich nieder.
Doch weckten früh zum Gerichtstermin
der Dachs und der Otter ihn wieder

---

1 Reineke Fuchs, (Reynke de Vos von 1498), Reclam, Universal-Bibliothek Nr.
8768, S. 216.

mit einer Ente – das schmeckte ihm gut!
Dann brachen sie auf, um beizeiten
zuversichtlich und ausgeruht
gemeinsam zum Kampfplatz zu schreiten.

Als glatt geschoren und glänzend sich
der Fuchs vor dem König zeigte
und nackend gerüstet so wunderlich
bis zur Erde verneigte,

da lachte der Herrscher, weil ringsherum schlau
der Leib war ölig geglättet,
wie ihn die Hofdame Rückenau
vorsorglich hatte gefettet!

Vor Lynx und Lupardus, den Wärtern im Kreis,
mussten die Gegner erst schwören,
worauf der Wolf dann auf ihr Geheiß
ließ seine Beschuldigung hören:

An Reineke, welcher ein Mörder wär,
wolle er Ehebrechen
und Lügen und Stehlen korrekt und fair
nach Vorschrift des Zweikampfes rächen.

Dagegen erklärte der Fuchs unter Eid,
der Wolf hätte alles gelogen
und um ihm zu schaden, aus Missgunst und Neid
das hohe Gericht hier betrogen:

Man werde es sehen! – Die Äffin zuletzt
gab Rat noch mit flüsternder Zunge –
jedoch schon kam Herr Isegrim jetzt
mit einem gewaltigen Sprunge

und reckte die Tatzen fürchterlich
und wollte Reineke fassen –
der aber benetzte ausweichend sich
den Wedel mit Wasserlassen

und zog ihn danach über den Sand,
den er zu Wolken aufwühlte
und schlug ihn dem Wolf aufs Aug, dass gebrannt
und geblendet der Ärmste sich fühlte

und rieb die Augen und wusste nicht mehr,
wo er Deckung noch fände,
als Reineke immer gefährlicher
umkreiste ihn leicht und behände.

Hatte der Fuchs nicht einstmals bespritzt
mit Harn Herrn Isegrims Kinder?
Nun wurde der Vater feste gefitzt
vom ätzenden Schweif nicht gelinder!

Und Reineke kratzte wieder geschwind
mit den Pfoten im Sand, bis es staubte
und Isegrim tränenden Auges wie blind
strauchelnd tappte und schnaubte,

worauf ihm der Fuchs an die Kehle sprang
und packte mit Klammern und Beißen
den Wehrlosen, dem es dennoch gelang,
von dem Würger sich loszureißen –

doch Reineke hüpfte: Ein Auge riss
er ihm aus dem Kopfe blutig!
Isegrim heulte vor Schmerzen, bis
verzweifelt im Zorne er mutig

fiel auf den Fuchs und drückte ihn so
mit seinen Tatzen zur Erde,
dass eisern der Wendige bis zum k.o.
wie im Schraubstock gehalten werde,

während er mit den Zähnen schnell
Reinekes vordere Pfote
schnappte und klemmte, sodass im Duell
er nun siegreich den Gegner bedrohte

und keuchte, als er über ihm stand:
„Was nützt es, das Fell zu beschneiden,
Wasser zu lassen, zu mölmen im Sand
und zu schwören mit falschen Eiden?

Ergebt Euch oder ich schlage Euch tot
für Eure schändlichen Taten!"
Reineke dachte in seiner Not:
„Das ist nun übel geraten",

und wollte den Wolf besänftigen schnell
in seinem wütenden Grimme,
weshalb er demütig mit einem Appell
an Großmut mit schmeichelnder Stimme

Isegrim um Vergebung bat,
dass er ihn gekränkt und beleidigt
durch falsche Schwüre, List und Verrat —
doch als er sich hätte verteidigt

im Zweikampf mit ihm soeben jetzt —
da habe er nur aus Versehen
dem würdigen Wolf ein Auge verletzt!
Es sei ohne Absicht geschehen

in der Hitze des Kampfes! – Als Lehensmann
wolle er ihm beständig
dienen und auch als Pilger sodann
beim Papste ihm eigenhändig

Ablass besorgen für ewige Zeit
und Privilegien und Rechte
mit einem heilig bekräftigten Eid
für alle vom Wolfsgeschlechte!

„In Zukunft", so fuhr Herr Reineke fort
in seiner geläufigen Rede,
„Freund Isegrim, will ich auf Ehrenwort
bereitwillig gleich eine jede

erbeutete Speise, wo immer auch
ich werde sie künftig erjagen,
als Mahlzeit zum täglichen Hausgebrauch
in Eure Höhle tragen:

Gänse, Hühner, Enten und Fisch
bring ich mit eigenen Pfoten,
dass sie auf wahrhaft fürstlichem Tisch
Euch seien zur Auswahl geboten!

Auch meine Familie wird jederzeit
Euch gerne zu Diensten stehen,
und könnten wir beide nicht wieder zu zweit
gemeinsam zum Jagen gehen?

Wir kämpfen zusammen, ich helf Euch gewiss
mit Rat! – Wenn wir uns besinnen,
würden bei einem Kompromiss
nicht beide Seiten gewinnen?

Was streiten wir immer so unchristlich
ohne Vergebung und Gnade,
sodass am Ende ein jeder nur sich
und dem anderen bitterlich schade?

Nicht freiwillig trat ich zum Kampfe an –
Ihr hattet mich dazu gezwungen,
doch habe ich wahrlich als ehrlicher Mann
mit halber Kraft nur gerungen.

Ihr fasstet mich aber, dass übereilt
Euch wurde ein Auge beschädigt –
da weiß ich ein Mittel, das schnell wieder heilt
und jedes Übel erledigt!

Welchen Vorteil brächte mein Tod
Euch und Eurem Geschlechte?
Ihr würdet von meiner Familie bedroht,
die ewig ihn an Euch rächte!

Hört mein Geständnis: Vorsätzlich
hab ich Euch häufig betrogen
und hinterher immer wieder mich
durch Lügen der Strafe entzogen.

Isegrim – bitte! – vergesst und verzeiht,
lasst es mich nicht entgelten,
dass ich mich habe mit Euch entzweit,
durch törichtes Schimpfen und Schelten!

Vergebt mir noch einmal! – Wie triumphal
gewönnet Ihr Beifall und Ehren,
würdet Ihr mir jetzt zum letzten Mal
Eure Gnade nicht länger verwehren!"

So Reinekes Rede. – Der Wolf jedoch
in schweigendem Grimme verharrte,
packte den Fuchs nur fester noch,
der unter ihm zuckte und scharrte,

und knurrte: „Ihr predigt eloquent,
wenn es Euch geht an den Kragen!
Wollt Ihr mir noch im letzten Moment
Bündnis und Freundschaft antragen

und wieder mit scheinbar verständigem Wort
Eure Bekehrung beteuern,
aber, gäb ich Euch frei, sofort
die alte Feindschaft erneuern?

Beleidigt habt Ihr mein Weib und mich,
wie soll ich das jemals vergeben?
Bekennt alle Schuld jetzt öffentlich –
sonst kostet es Euer Leben!

Ihr sagtet, Ihr kämpftet mit halber Kraft?
Wie blutet mein Fell von den Bissen,
und seht, wie das Loch in der Stirne mir klafft,
wo ein Auge ist ausgerissen!"

Doch leise hatte Reineke ihm
seine freie Pfote geschoben
zwischen die Schenkel und ganz intim
noch ein Stückchen weiter nach oben

und fasste ihn plötzlich und ohne Scham
mit einem Male dort kräftig
und zog Herrn Isegrim dann infam
an empfindlicher Stelle so heftig,

dass dem Wolf sogleich mit lautem Geschrei
entstürzten bittere Tränen,
wodurch die Pfote des Fuchses ward frei
zwischen den klaffenden Zähnen.

Isegrim wankte. – Herr Reineke fest
ihn weiter so drangsalierte,
dass er ihn grausam barbarisch gepresst
beinahe ganz amputierte –

und stürzte dann auf den Taumelnden sich,
ihn mit Anlauf zu Boden zu drücken,
bis schließlich laut röchelnd und unschicklich
der Wolf lag besiegt auf dem Rücken.

Doch dass er nicht weiter mit aller Gewalt
werde so grausig geschändet,
gebot der König mitleidig Halt
und erklärte den Kampf für beendet,

worauf die Wärter beeilten sich,
gütlich die Gegner zu trennen,
um Reineke anschließend öffentlich
als Sieger anzuerkennen,

bittend im Namen des Königs, dass er
Isegrim möchte verschonen,
denn ihn zu töten, würde nicht mehr
auch nur im geringsten sich lohnen.

Der Fuchs erwiderte: „Wahrlich gern
will ich aufs treuste ergeben
die Wünsche von meinem gnädigen Herrn
mich stets zu erfüllen bestreben!

Gestattet Ihr aber, Majestät,
dass ich nach der Niederlage
des Wolfes aus Rücksicht und Pietät
auch meine Freunde befrage?"

Da riefen sie laut, des Königs Wort
solle als oberstes gelten,
worauf sich alle zusammen sofort
im Kreise um Reineke stellten.

Es kamen mit Jubel und großem Hallo
Dachs, Otter und Eichhorn gelaufen,
Biber und Affen und ebenso
Marder und Wiesel in Haufen

mit Hermelinen! – Das Privileg,
auf seiner Seite zu stehen,
begehrte jetzt jeder, der ihm aus dem Weg
mit Argwohn sonst pflegte zu gehen,

während Isegrims Freunde entsetzt
laut jammernd die Pfoten erhoben,
als sie sahen, wie er aufs schwerste verletzt
und besudelt von unten bis oben

am Boden sich wälzte, dass hilflos und lahm
sie ihn auf Heupolster legten
und auf einer Trage aufmerksam
heimtrugen, wo sie ihn pflegten

und zählten die Wunden mit zarter Hand:
wehe! – es waren fast dreißig,
welche man kühlte sanft und verband
sorgfältig alle ganz fleißig.

Chirurgen mit ihrer Meisterschaft
kurierten den Kranken geschäftig,
sodass er plötzlich mit neuer Kraft
hinten und vorn nieste heftig.

Doch würden die Wunden so schauerlich
an diskreteren Körperteilen
zum Gebrauche nie mehr – höchst bedauerlich -
ohne Schaden verheilen –

Mit Pauken aber und mit Schalmei
und dem Klang der großen Posaune
triumphierte jauchzend des Fuchses Partei,
und in stürmischer Siegerlaune

Wilhelm Kaulbach gez.   Rudolf Rahn gest.

begab sich alsbald die taumelnde Schar
zum König. – Reineke kniete
in Demut nieder gleich einem Star
umgeben von seiner Suite.

Der König verkündete: „Stehet nun auf –
erhebt Euch zu künftigen Ehren!
Feierlich werde ich Euch zuhauf
Lohn in Fülle gewähren:

Ist der Wolf erst gesundet, soll Euch der Rat
vergangene Frevel vergeben –
ich aber will Euch von nun an im Staat
zu meinem Vertreter erheben!",

worauf sich verneigend Herr Reineke sprach
mit Ehrerbietung bescheiden:
„Ich danke dem König! – Viel Ungemach
musste ich schmerzlich erleiden,

als der Wolf am Hof in Ansehen stand
so hoch vor den andern Vasallen,
dass überall im ganzen Land
er bewundert wurde von allen!

Doch möcht ich vergleichen solche Moral
der Meute von geifernden Hunden,
wie sie sich einstmals hatten zum Mahl
vor der Küchentür eingefunden.

Als einer von ihnen selber sich nahm
mit diebischem Maul ein Stück Braten
und nun zurück zu den anderen kam,
sie unterwürfig sich nahten,

staunend im Stillen über sein Glück
wollten dem Günstling sie schmeicheln
im Glauben, es hätt mit dem saftigen Stück
der Koch ihn gefüttert beim Streicheln.

Doch sahen sie seinen Leib nur von vorn,
während mit Fett in der Kelle
der Koch dem Räuber hatte voll Zorn
verbrüht eine handgroße Stelle

des hinteren Teils, dass er jaulend entfloh!
Als schließlich die Hunde erkannten
rückwärts seinen misshandelten Po
mit Beulen und den verbrannten

Löchern rauchend im schrumpfenden Fell,
sofort sie ihn da verließen
und mit Verachtung und bösem Gebell
aus ihrer Gemeinschaft verstießen.

Dagegen – mein König – klüglicher i c h
mich so zu benehmen wüsste,
dass keiner von meinen Freunden sich
für Reineke schämen müsste!

Doch Isegrim lebe in Zukunft allein!
Um den Verleumder zu strafen,
soll er für immer verwiesen sein
von der Tür der Gerechten und Braven!"

Nachdem er hatte den Wolf verhöhnt
mit so grausam verächtlicher Rede,
der König seinerseits völlig versöhnt
erwies dem Sieger nun jede

vorzügliche Gunst und hatte ihn gleich
mit Siegel zum Kanzler erhoben,
sodass man würde im ganzen Reich
ihm treue Gefolgschaft geloben,

und hängte Reineke weihevoll
um den Hals einen glänzenden Orden,
der damit nun war gemäß Protokoll
der Höchste vom Hofstaat geworden!

Und es erhob sich ein Freudengeschrei
und ein Jubeln nahe und ferne!
Ein jeder ergriff jetzt des Fuchses Partei
und folgte ihm eifrig und gerne.

Der König entließ ihn höchst ehrenhaft
mit Segen und frommen Gebeten –
dann zog er mit seiner Anhängerschaft
beim Lärm von vielen Trompeten

und Pauken nach Hause, bis man schied
vor Malepartus, der Feste,
und nach einem letzten Huldigungslied
empfahl sich beidseits aufs Beste.

Wie war Frau Ermelyn da wohl erfreut,
als der Gatte ausführlich im Bette
erzählte, wie er sein Haupt erneut
aus der Schlinge gezogen hätte

und nun als Kanzler in Herrlichkeit
genieße die höchste Ehre,
während der Wolf für alle Zeit
entlarvt und besiegt worden wäre!

Wilhelm Kaulbach gez.   Rudolf Rahn gest.

Am Ende aber vom reimenden Werk
sei hiermit auf Goethe verwiesen
und dankbar mit einem letzten Vermerk
das Vorbild des Meisters gepriesen.

Und wie beschloss er sein schönes Gedicht
von Reinekes Wesen und Taten?
Nach Sieg und Triumph vor des Königs Gericht
sei dem Leser zu glauben geraten:

„Hochgeehrt ist Reineke nun! Zur Weisheit bekehre
Bald sich jeder und meide das Böse, verehre die Tugend!
Dieses ist der Sinn des Gesangs, in welchem der Dichter
Fabel und Wahrheit gemischt, damit ihr das Böse vom Guten

Sondern möget und schätzen die Weisheit, damit auch die Käufer
Dieses Buchs vom Laufe der Welt sich täglich belehren.
Denn so ist es beschaffen, so wird es bleiben, und also
Endigt sich unser Gedicht von Reinekes Wesen und Taten.

Uns verhelfe der Herr zur ewigen Herrlichkeit! Amen.“

Mit 65 Jahren begann Inge Rosemann humoristische Gedichte zu schreiben. Inzwischen sind von ihr 13 Bücher erschienen.

Inge Rosemann wurde 1931 in Hannover geboren.
Nach dem Studium in Göttingen (Germanistik und Geschichte) arbeitete sie als Lehrerin und Kinderkrankenschwester.
Ab 1974 lebte die Autorin auf Norderney –
nunmehr seit 2017 in Göttingen.

Nach den Erfahrungen als Rentnerin lautet ihre Devise:
Ich möchte werben für die Chancen des Alters und seine noch nicht allgemein erkannten geistigen und kreativen Möglichkeiten.

Bisher erschien von Inge Rosemann bei Books on Demand:

Vater und Sohn.
Bildgeschichten von Erich Ohser mit Versen von Inge Rosemann,
Band 1, 6., überarb. Aufl., Norderstedt 2017, ISBN 978-3-8370-0960-6
Band 2, 5., überarb. Aufl., Norderstedt 2017, ISBN 978-3-8370-1764-9
Band 3, 5., überarb. Aufl., Norderstedt 2017, ISBN 978-3-8370-1767-0

Besuch aus der Urzeit. Norderneyer Abenteuer.
Phantastische Geschichte von Begegnungen mit merkwürdigen
Tieren am Meeresstrand, einem großen Ei und dem Riesendrachen,
2., überarb. Aufl., Norderstedt 2014, ISBN 978-3-7322-8474-0

Sternenstaub und Maulwurfshügel. Humoristische Gedichte von Inge
Rosemann, illustriert von Gesa Bodenstab,
10., überarb. Aufl., Norderstedt 2019, ISBN 978-3-8334-4125-7

Im Biedermeierstädtchen.
Bilder von Carl Spitzweg mit Gedichten von Inge Rosemann,
3., überarb. Aufl., Norderstedt 2016, ISBN 978-3-7386-2380-2

Unterwegs in der Postkutschenzeit.
Bilder von Carl Spitzweg mit Gedichten von Inge Rosemann,
2., überarb. Aufl., Norderstedt 2015, ISBN 978-3-7347-9064-5

Liebesträume von Spitzweg
mit Gedichten von Inge Rosemann,
2., überarb. Aufl., Norderstedt 2013, ISBN 978-3-8423-6897-2

Bücherwurm und Kaktusfreund.
Bilder von Carl Spitzweg mit Gedichten von Inge Rosemann,
2., überarb. Aufl., Norderstedt 2013, ISBN 978-3-8482-1178-4

Zur Zeit der abendlichen Kühle.
Bildergeschichten von Wilhelm Busch mit Versen von Inge Rosemann,
6., überarb. Aufl., Norderstedt 2018, ISBN 978-3-8334-4524-8

Pink persönlich. Humoristische Verse von Inge Rosemann,
8., überarb. Aufl., Norderstedt 2019, ISBN 978-3-8391-0995-3

Nikolaus, Knusperhaus und überall Engel.
Kinderbilder zu Versen von Inge Rosemann,
2., überarb. Aufl., Norderstedt 2020, ISBN 978-3-8370-6375-2

Quellen- und Bildnachweis:
„Der Fuchs" mit Bild wurde zitiert nach der Ausgabe von
S. Fischer: Alfred Edmund Brehm, Brehms Tierleben,
Frankfurt a.M. 2006, S. 107ff.

Die Zeichnungen von Reineke Fuchs sind mit freundlicher
Genehmigung der ZMV medien vertriebs-gmbh entnommen
aus: Johann Wolfgang von Goethe, Reineke Fuchs. Zeich-
nungen von Wilhelm Kaulbach, gestochen von R. Rahn und
A. Schleich. Verlag Karl Müller, Erlangen 1983.

Goethe-Zitat von S. 164, ebd., S. 303f.